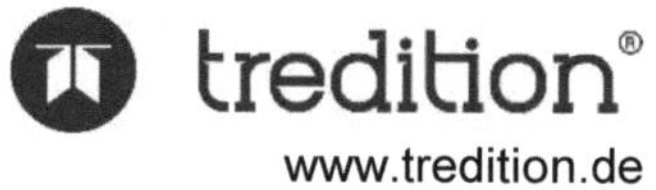

AF382237

Thomas Waldherr

Bob Dylan & Black America

Zu den vielfältigen Verflechtungen von Bob Dylans Werk und Wirken mit der afroamerikanischen Community und ihrer Kultur. Ein popkulturelles Essay.

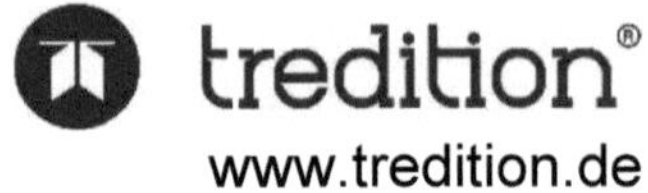

Verlag und Druck:
tredition GmbH, Halenreie 40-44, 22359 Hamburg

ISBN
Paperback: 978-3-347-25833-4
e-Book: 978-3-347-25835-8

DANKE!

Mein Dank gilt natürlich zu allererst meiner Frau Andrea Goldschmidt, die mir mit Rat und Tat und Korrekturen bei diesem Buch geholfen hat.

Und dann danke ich all denen, die mich seit meinen frühesten Anfängen als Dylan-Fan und später als Musikjournalist und Autor geprägt haben, und von denen einige leider nicht mehr leben wie Liederschmitt, Robert Shelton, Günter Amendt und Paul Williams. Mein Dank gilt ganz besonders Greil Marcus, Elijah Wald und Heinrich Detering, die mich mit jeder neuen Schrift, die sie veröffentlichen, bereichern.

Und ich danke denen, die zu diesem Buch beigetragen haben, indem sie meinen musikalischen Horizont erweitert haben:

Tom Schroeder, Dr. Florian Pfeil, Klaus Walter.

Bob Dylan & Black America

Einleitung

Amerika ist nicht zu verstehen, ohne die wichtige Rolle der Populärkultur, die sich grundlegend aus den vielfältigen Formen der Migration in dieses große Land speist. Und in dieser Populärkultur ist es wiederum die Musik, die zur Ausdrucksform der Vielfalt der Menschen geworden ist. Bob Dylan ist mit seinem Werk so etwas wie ein Schmelztiegel dieser Musik und daher ein lohnendes Forschungsobjekt für gesellschaftpolitisch ausgerichteten Musikjournalismus.

Vor einigen Jahren habe ich mein erstes Dylan-Buch geschrieben: „I'm in a Cowboy Band". Es beschäftigte sich mit dem Verhältnis von Bob Dylan zur Countrymusik, die ja vordergründig gesellschaftspolitisch konservativ verortet ist.

Mittlerweile sind ein paar Jahre vergangen und ein neues Thema hat sich in den Fokus geschoben. Wer über Americana, Folk, Rock und Country spricht, der darf die großen und wichtigen afroamerikanischen Beiträge zu dieser Kultur nicht verschweigen. Diese Erkenntnis ist mir wichtig und gilt auch für meinen Lieblingsmusiker Bob Dylan, dem ich mich nun schon seit weit mehr als vierzig Jahren verschrieben habe.

Die Entdeckung der Musik der „Carolina Chocolate Drops", mit Rhiannon Giddens und Dom Flemons, rückte die afroamerikanischen Wurzeln der Countrymusik in mein Blickfeld. In zwei großen Artikeln in der deutschen Musikzeitschrift Folker und einigen Veröffentlichungen auf www.country.de habe ich mich unter historischen und aktuellen Gesichtspunkten mit dem Thema befasst.

Grundeinsicht war und ist, dass die Countrymusik gar nicht ohne ihre afroamerikanischen Wurzeln und Beiträge denkbar ist. Weiße und schwarze Old Time- und Hillbillymusiker haben immer wieder die damals geltende Rassentrennung unterlaufen und sich gegenseitig musikalisch befruchtet. Aber aufgrund der Machtverhältnisse und der Jim Crow-Gesetze wurde die Musik nach Entstehen der Tonträgerindustrie separiert. Hier die weiße Countrymusik, dort die schwarzen „Race Records". Völlig ungeachtet dessen, dass Schwarze im Süden auch Countrymusik hörten. Sie waren aber wegen ihrer mangelnden Kaufkraft und der Rassentrennung keine potentiellen Kunden.

So entwickelte sich das Country Business zu einer fast völlig weißen Angelegenheit. In den frühen 1940er Jahren wurde das letzte Relikt einer anderen Zeit, der schwarze Mundharmonikaspieler DeFord Bailey, aus der Live-Radioshow Grand Ole Opry entfernt. Es sollte Jahrzehnte dauern, bis mit Charley Pride dort wieder ein schwarzer Countrystar auftrat.

Wieder Jahrzehnte später – es war die Zeit der Präsidentschaft von Barack Obama – hatten sowohl Darius Rucker und Mickey Guyton, als auch die Carolina Chocolate Drops und Rhiannon Giddens Auftritte in der Radioshow. Darius Rucker wurde 2012 als Mitglied in die Grand Ole Opry aufgenommen, der erst dritte schwarze Countrystar dem dies zuteil wurde. Und bei den CMA Awards 2016 sorgten zwei Crossover-Auftritte für Furore. Rhiannon Giddens im Duett mit Eric Church sowie die Kollaboration der Dixie Chicks mit Beyoncé. Gerade letztere wurde wegen der klaren Einordnung in R&B und Pop

– Rhiannon Giddens dagegen macht Roots Music – sehr kontrovers aufgenommen. Wobei musikalische Einordnungen immer gerne dort vorgeschoben werden, wo es eigentlich um Rassismus geht.

Nachdem dieser kurze Frühling in der Trump-Zeit verpufft war, waren es 2019 Lil Nas X und Blanco Brown, die mit Hybriden aus Country und Hip-Hop Charts-Erfolge feierten und das Country Business tüchtig aufmischten. Doch bereits vorher hatte Dom Flemons mit seinem Album „Black Cowboys" an die schwarzen Einflüsse auf die Country- und Western-Kultur erinnert. Und 2020 zog dann noch die R&B- und Soul-Legende Swamp Dogg mit einem Country-Album nach. Die Zeit war reif: Black America fordert sein Recht auf Countrymusik.

Obwohl ich zeitlebens weitaus mehr Folk-, Rock- und Countrymusik gehört habe als Blues, Jazz, Soul oder Hip-Hop, hat mich in den letzten Jahren die Geschichte dieser musikalischen Ausdrucksformen der Black Community in Amerika immer stärker fasziniert. Mein Verständnishorizont wurde erweitert. Einen großen Anteil daran hat die Zusammenarbeit mit Dr. Florian Pfeil für unsere gemeinsamen Seminare zu „Musik und Politik" und dessen brillante Vermittlung seiner profunden Kenntnisse auf diesem Gebiet.

Und da habe ich, ähnlich wie bei der Countrymusik, nun auch für die „Black Music" bei Dylan nach Einflüssen auf ihn und Einflüssen von ihm geforscht. Und wieder hat sich eine ganze Welt geöffnet. Und wieder habe ich neue Einsichten gewonnen. Und diese gehen weit über die Binsenweisheiten „des Blues als eine Wurzel seines Werkes" oder seiner „Civil Right Songs" als Beweis seiner Parteinahme für die Schwarzen hinaus.

Bob Dylan ist seine ganze Karriere über in vielfältiger Weise künstlerisch, gesellschaftlich, politisch, spirituell und menschlich konkret mit der Black Community Amerikas verbunden. Der weiße jüdische Junge, der die Folk-, Blues-, Rock- und Countrymusik als seine künstlerische Ausdrucksweise entdeckte, hat auch enge Beziehungen zu Gospel, Soul, Hip-Hop und deren künstlerischen Protagonisten entwickelt. Er besitzt ein Gespür für Rassismus in Alltag, Politik und Justiz. Er hat mit Pete Seeger dafür geworben, dass Schwarze wählen gehen und war kurzzeitig mit den Black Panther liiert. Er hat nicht nur Emmett Till, Hattie Caroll, George Jackson und Hurricane Carter besungen, sondern auch mit schwarzen Sängerinnen Black Gospel und mit Kurtis Blow Rap aufgenommen. Odetta brachte ihn zum Folk, er war in Mavis Staples verliebt und mit Carolyn Dennis verheiratet, mit der er eine gemeinsame Tochter hat. Bedeutende afroamerikanische Künstler wie Solomon Burke oder Marion Williams haben seine Lieder gesungen. Er schätzte Nina Simone und Etta James und wurde von ihnen geschätzt. Er hat Sam Cooke beeinflusst und ihn, das Apollo Theatre und Little Richard geehrt. Und er hat für Präsident Barack Obama im Weißen Haus gespielt und wurde von ihm mit der „Presidental Medal Of Freedom", der ranghöchsten zivilen Ehrung der Vereinigten Staaten, ausgezeichnet. Er, der sich immer zu den Underdogs hingezogen fühlte, hat einen ganz selbstverständlichen und vielfältigen Umgang mit afroamerikanischen Menschen gepflegt. „I was born on the wrong side of the railroad track", singt er in

„Key West" vom Album „Rough And Rowdy Ways". Da wo die Schwarzen, die Armen und die Außenseiter wohnen.

Die vielfältigen Beziehungen Dylans zur Black Community möchte ich in diesem Buch darstellen. Auch hier geht es mir wieder nicht um Faktenhuberei und Daten-Overkill, das überlasse ich den Datensammlern, Tabellen-Freaks und Ranking-Begeisterten. Auch auf Fußnoten und einen großen Apparat verzichte ich weitgehend. Ich versuche die großen Linien journalistisch und essayistisch zu zeichnen, um beizutragen, auf ein nicht so ganz bekanntes Kapitel von Dylans Wirken aufmerksam zu machen. Und um damit letztlich eine meiner Meinung nach wichtige Komponente zum Verständnis der Verortung des Songpoeten und Musikers Bob Dylan in der amerikanischen Populärkultur herauszuarbeiten.

1. No Colors in Hibbing

Hibbing, in Minnesota nahe der kanadischen Grenze gelegen, wurde 1893 von Frank Hibbing gegründet. Der in Walsrode bei Hannover geborene deutsche Auswanderer – eigentlich Franz Dietrich von Ahlen – entdeckte hier in seiner Wahlheimat Eisen im Boden. Bald darauf siedelten sich eine ganze Reihe Bergbauunternehmen an und Frank Hibbing hatte ausgesorgt, konnte seinen Reichtum aber auch nur noch fünf Jahre genießen, bevor er starb. Der Tagebau dehnt sich so weit aus, dass die ganze Gegend als großes Eisenvorkommen unter dem Namen „Iron Range" bekannt wurde.

Besiedelt wurde die Stadt von skandinavischen, deutschen, polnischen, tschechischen und italienischen Einwanderern. Noch heute stellt die African American Community nur knapp ein halbes Prozent der Bevölkerung. Vorwiegend waren die Bewohner der Stadt vor allem katholischen und evangelischen Glaubens, verteilt auf die verschiedenen amerikanischen Kirchen. Juden gab es in Hibbing ebenso wenige wie Schwarze. Die Stadt war zum größten Teil weiß. Zu 97,7 Prozent zu Bobby Zimmermans Jugend, wie Ian Bell in seiner Bob Dylan-Biografie „Once Upon A Time: The Lives Of Bob Dylan" darlegt.

Bob Zimmermans jüdisches Erbe

Bob Dylans Großeltern mütterlicherseits – Ben und Florence Stone – waren 1902 aus Litauen eingewanderte Juden, seine ebenfalls jüdischen Großeltern väterlicherseits – Zigman und Anna Zimmerman – kamen 1905 aus dem Russischen Reich, genauer aus Odessa an der

Schwarzmeerküste in die USA. Sie flohen vor den antijüdischen Pogromen in die neue Welt. Die Mutter seines Vaters, so schrieb es Dylan in seinen Chronicles, stammte ursprünglich aus der Nordost-Türkei, nahe der Grenze zu Armenien.

Bobs Vater Abe war 1920 in Duluth Augenzeuge eines Lynchmordes an drei jungen schwarzen Zirkusarbeitern. Wie musste das auf die Familie Zimmerman wirken? In die neue Welt geflohen, um der antisemitischen Gewalt in Russland zu entgehen, und nun solche rassistischen Gewalttaten mitansehen zu müssen? Abe Zimmerman erzählte diese Geschichte, so ist es verbürgt, seinem Sohn Robert. Wie hat Dylan das verarbeitet? Später nimmt er die besonders drastisch-surreale Begebenheit, dass bei diesem wie bei vielen anderen Lynchmorden Teilnehmer beziehungsweise Schaulustige Postkarten mit Bildern der Hinrichtung verkauften, als Auftakt für sein Alptraum-Song-Gemälde „Desolation Row": "They selling postcards of the hanging". Übt Dylan Solidarität mit den Schwarzen als Solidarität unter Verfolgten?

Wie auch immer, der Vorgang war sinnbildlich für die Lebensrealität von Juden in den USA. Entflohen vor den Verfolgungen in Europa mussten sie in der neuen Welt feststellen, dass Rassismus und Antisemitismus und seine Stereotypen, Vorurteile und Verschwörungstheorien auch hier fröhliche Urstände feierten. Denn Rassismus und Antisemitismus waren auch in den USA weit verbreitet und seine Träger waren in der Zwischenkriegszeit nicht nur der Ku-Klux-Klan, sondern auch solche amerikanische „Helden" wie Auto-Mogul Henry Ford, Flieger-

As Charles Lindbergh oder der katholische Radioprediger Charles Coughlin.

So überrascht es nicht, dass Juden sich oftmals für die Rechte der Afroamerikaner einsetzten, auch um den gegen sie gerichteten Rassismus zu bekämpfen. So wurde eine der wichtigsten Bürgerrechtsorganisationen, die National Association for the Advancement of Colored People (NAACP), von Juden mitbegründet und kooperierte in den 1950er Jahren mit der jüdischen Anti-Defamation League (ADL). Diese Erfahrungen haben sicher auch ihren Einfluss auf die Erziehung Dylans und auf seinen vorurteilsfreien, empathischen Umgang mit afroamerikanischen Menschen gehabt.

Die jüdische Gemeinde in Hibbing war klein, aber gut miteinander vernetzt. Bob verlebte seine Kindheit fast ausschließlich innerhalb der jüdischen Gemeinde. Seiner Familie gehörten ein Elektrogeschäft und ein Kino. Von seiner Tante Harriet Rutstein lernte er das Klavierspielen. Er feiert die Bar Mizvah und prahlt damit, dass es die bislang größte in Hibbing gewesen sei. Die Sommer verbringt er im jüdischen Sommercamp, dem zionistischen Herzl Camp. Dort lernt er mit Larry Kegan und Louie Kemp Freunde fürs Leben kennen.

Das Herzl Camp war kein religiös orthodox oder reformerisch ausgerichtetes Camp, sondern ein zionistisches, in dem religiöser, jüdischer Pluralismus herrschte. In den zionistischen Camps ging es vor allem darum, dass die Idee des Staates Israel und seine Gründungsphilosophie – gemeinschaftlich, kollektiv, sozial gerecht, der Kibbuz als vorbildliche Lebensweise – an die jungen Jüdinnen und Juden herangetragen werden sollten. Sie sollten stolz auf diesen Staat sein. Sicher ist, dass in diesen Camps Dylans Generation Empathie für Unterdrückte und Außenseiter und ihr Verständnis von sozialer Gerechtigkeit lernte. Nicht umsonst waren in den 1960er Jahren viele jüdische Studenten an der Seite der schwarzen Bürgerrechtsbewegung.

Der Zionismus hat bekanntlich auch sozialistische und internationalistische Wurzeln. Und diese Einflüsse mögen mittelbar auch auf Bob Dylan während seiner Camp-Aufenthalte 1953 bis 1957 gewirkt haben. Genau in der Zeit, in der sich jugendliche Identität bildet. Und während dieser Jahre wird Bob Zimmerman im Camp zum Typ mit Gitarre und Motorrad, der schon eine kleine Sonderstellung hat. So ist vom ersten öffentlichen Gitarrenkonzert auf dem Dach und ersten Songwriting-Versuchen die Rede.

Bob Dylan wurde in seiner Jugendzeit in zweifacher Hinsicht zum Außenseiter und Rebell. Er war einer der wenigen Juden im Ort und er spürte gleichzeitig – wie er später verlautbarte – „in die falsche Familie in den falschen Ort" hineingeboren zu sein. Ganz unverstandener junger Künstler also. Kein Wunder, dass sich Dylan für die Blues- und Rock'n'Roll-Musik der Schwarzen begeisterte. Die Musik der Unterdrückten. Little Richard und Chuck Berry wurden zu seinen ersten großen Vorbildern während seiner Schulzeit.

Erst als er ins jugendliche Alter kommt und freier wird, schaut er über die engeren familiären und religiösen Bindungen hinweg und nimmt Kontakt zu nicht-jüdischen

Mädchen wie Echo Hellström auf. Deren sozialer Status ist Bobs Eltern ein Greuel. Doch das ficht ihn nicht an. Es zeigte sich ein bis heute bestehendes Muster: Robert Zimmerman aka Bob Dylan kennt keine Dünkel, weder Rassen- noch Klassendünkel.

Chuck Berry und Little Richard

Da es in Hibbing nur sehr wenige Schwarze gab, speiste sich seine Beziehung zur afroamerikanischen Kultur vor allem aus der Musik, die er abends im Radio hörte. Musik, die aus Little Rock, Arkansas, aus Shreveport, Louisiana, und aus Nashville, Tennessee, kam. Da hörte er viel Country, aber eben auch Blues und Rhythm & Blues und Rock'n'Roll. Zwar war Elvis, wie für viele seiner Generation, auch für ihn fast ein Gott und Buddy Holly ein persönlicher Favorit, den er noch kurz vor seinem Tod in Duluth im Konzert sah. Aber Chuck Berry und Little Richard waren ebenfalls frühe Helden. Letzterer hatte es ja in seinen Eintrag im Jahrgangsheft des Colleges geschafft: „Er möchte Little Richard in seiner Band folgen", stand da zu lesen.

Bevor der junge Bob sich für den Folk begeisterte, erklärte ihm Little Richards mit „A-wop-bop-a-loo-bop-a-wop-bam-boom!" die Welt. Und so hämmerte er wild in die Tasten mit seiner Gruppe „Golden Chords". Das war jugendlicher Hau-Drauf. In diesen Jahren besucht er eine Zeit lang regelmäßig den schwarzen DJ Jim Dandy im Nachbarort Virginia, der einer der wenigen Afroamerikaner in der Gegend war. Er erdet den jungen Bobby in den verschiedenen Spielarten der schwarzen Musik. Und Bob war begeistert, hier einen afroamerikanischen Lehrmeister zu haben.

Doch eine tiefergehende Orientierung an einer afroamerikanischen Künstlerfigur sollte schließlich in der Folkszene auf ihn warten. Denn noch vor Woody Guthrie trat Odetta in sein musikalisches Leben.

2. Folk Revival, Blues Explosion & Civil Rights Movement

Dylans wirkliche musikalische Geschichte beginnt mit seinem Schwenk vom Rock zu Folk, und das geschah, wie er Ron Rosenbaum in Interview in einer 1978er Ausgabe des „Playboy" erzählte, mit Hilfe einer afroamerikanischen Folksängerin. „Das erste, was mich zur Folkmusik brachte, war Odetta", so Bob Dylan.

Odetta öffnet Dylan die Folkwelt

Es war 1958. Dylan war in einem Plattenladen und legte „Odetta Sings Ballads And Blues" auf, ihr erstes Album, das ein Jahr zuvor veröffentlicht wurde. „Genau da ging ich raus und tauschte meine E-Gitarre und meinen Verstärker gegen eine Akustikgitarre, eine Flat-Top-Gibson", sagt er zu Rosenbaum. Seine Little Richard-Cover-Band „The Golden Chords" war zerbrochen und Dylan versuchte, eigenständig musikalisch Fuß zu fassen. Auf ersten Amateur-Aufnahmen spielte er mit der akustischen Gitarre Rythm & Blues-Klassiker.

In Odettas Album hörte er „etwas Vitales und Persönliches. Ich habe alle Songs auf dieser Platte gelernt", darunter „Mule Skinner", „Jack Of Diamonds" und „Water Boy". Während der Studienzeit in Dinkytown, dem damaligen Bohème-Viertel von Minneapolis, vollzog sich dann endgültig die Metamorphose zum Folksänger.

Odetta eröffnete ihm die Folkwelt. 1959 bekam er zum High School Abschluss eine Schallplatte vom Folk-Blues-Sänger Leadbelly geschenkt, die ihn weiter in den Folk hineinzog. Er adaptierte Woody Guthries Performance-Stil und reiste immer wieder in die Zwillingstädte Minneapolis und St. Paul, um in die dortige Folkszene einzutauchen. Im September 1959 schrieb er sich an der University of St. Paul im Fach Musikgeschichte ein. Doch sein eigentliches Studium war das der praktischen Musik im Bohème-Viertel in Dinkytown. Hier lernte er die Musik des Kingston Trio und von Pete Seeger kennen, perfektionierte seine Adaption von Guthrie und entwickelte den Plan, Musiker zu werden. Seine Eltern gaben ihm im Dezember 1960 ein Jahr Zeit, solle er bis dahin nicht vorangekommen sein mit seinem Plan, möge er doch auf die Universität zurückkommen.

Natürlich zog es Dylan dann dahin, wo im wahrsten Sinne des Wortes die Musik spielt. Im Januar 1961 kommt er in New York City an. Hier war im Greenwich Village rund um den Washington Square eine große Folkszene entstanden. Pete Seeger war ihr Spiritus Rector, Dave van Ronk der „Bürgermeister der McDougal Street" und beide übten großen Einfluss auf Bob Dylan aus, während zeitgleich mit ihm andere Talente wie Fred Neil, Tom Paxton oder Phil Ochs reüssierten. Dylan nimmt die Einflüsse auf, wie er sie nur kriegen kann.

Und mitten in dieser Phase begegnete er Odetta sogar. Noch bevor er seinen Durchbruch schaffte. Im Januar 1961 war er in New York City aufgeschlagen, im Mai des Jahres besuchte er nochmals alte Freunde in Minnesota. Just zu diesem Zeitpunkt gastierte Odetta in St. Paul. Seine Freundin Bonnie Beecher blickte vor einigen Jahren zurück: „Ich erinnere mich an eine Zeit. [...] Odetta kam in die Stadt. [...] Also planten ich und Cynthia Fisher [...], wie wir Dylan dazu bringen könnten, Odetta zu treffen und für sie zu spielen. [...] Und tatsächlich traf er sie [...] und ich erinnere mich, dass Cynthia Fisher zu mir nach Hause gerannt kam [...] und sagte: ‚Sie sagte, dass Dylan echtes Talent hat und er es schaffen kann!'" Mit diesen Weihen ausgestattet ging Dylan nach New York zurück und startete seine bis heute andauernde Karriere richtig durch.

Bei John Lee Hooker spielt er im Vorprogramm

Dylan eignet sich weiter Folksongs von Odetta und Woody Guthrie an. Und auch sein erster „Major Gig" ist mit einem afroamerikanischen Künstler verbunden. Er spielt in seiner Anfangszeit für den Hut im Café Wha und im Gaslight Café, ehe er aufgrund von Publikumsreaktionen und Tipps von Freunden in Mike Porcos „Gerde's Folk City" für das Vorprogramm von John Lee Hooker verpflichtet wird. Vom 11. April 1961 an spielt er zwei Wochen lang im Vorprogramm des legendären Bluessängers.

Nach den Shows ging Dylan mit Hooker in dessen Suite im Broadway Central Hotel. „Jede Nacht war er bei mir. Wir blieben dort, feierten dort, tranken Gin", erinnerte sich Hooker in Anthony Scadutos „Bob Dylan: Eine intime Biografie". „Er saß herum und schaute mir beim Spielen zu; er war jeden Abend hier und wir spielten im Hotel mit unseren Gitarren. Ich weiß nicht, was er von mir bekommen hat, aber er muss etwas davon gehabt haben." Dylan bleibt sich auch bei Hooker treu: Er saugt alles auf wie ein Schwamm.

Plattenaufnahmen mit Harry Belafonte und Victoria Spivey

Und auch seine ersten Jobs bei Plattenaufnahmen brachten ihn in Kontakt mit afroamerikanischen Künstlern. Nachdem er seine erste Plattenaufnahme in New York am 29. September 1961 an der Seite von Carolyn Hester absolviert und die Recording Sessions für sein Debütalbum „Bob Dylan" abgeschlossen hatte, blies er Anfang 1962 für niemand geringeres als Harry Belafonte, dem „King Of Calypso", der Ikone der afroamerikanischen Bürgerrechtsbewegung, in die Mundharmonika. Harry Belafonte sagte später zur Aufnahme des Songs „Midnight Special": „Das Spiel war perfekt, die Aufnahme ist perfekt!".

Wenige Wochen später nahm er mit Victoria Spivey und Big Joe Williams auf. Victoria Spivey war schon einige Zeit im Village so etwas wie eine mütterliche Freundin für ihn. Denn als der junge Bobby nach New York kam, da war er nicht nur ein wissensdurstiger, lerneifriger junger Folksänger, sondern auch ein Typ, der wohl alle mütterlichen Instinkte bei Frauen abrief. Er wirkte zwar voller wilder Energie, aber dabei auch stets etwas scheu und unbeholfen. Das sprach später nicht nur Suze Rotolo und Joan Baez an, sondern bereits vorher auch die Jazz- und Bluessängerin Victoria Spivey.

Spivey, 1906 geboren, war damals Mitte fünfzig und empfänglich für Bobbys Charme. Sie lernten sich 1961 im Village in Gerde's Folk City kennen. Da war Vickie, wie Dylan sie nannte, gerade wieder in die Öffentlichkeit zurückgekehrt, nachdem sie einer großen Karriere auf

Tonträgern, Bühnenshows und Film Anfang der 1950er den Rücken gekehrt hatte und einen Kirchenchor leitete. Im Zuge des Folkrevivals wurde sie wieder entdeckt und sie belebte ihre Karriere neu. Man kann sich gut vorstellen, welch besonderen Status Victoria in der linken Künstlerszene des Village innehatte.

Für Dylan wiederum, der Musik und insbesondere alte Blues- und Folk-Aufnahmen geradezu aufsog, war die Bekanntschaft und das Vertrauensverhältnis zur mütterlichen Freundin Victoria Spivey natürlich eine große Sache. Und in diesem menschlichen Verhältnis spielte die Hautfarbe überhaupt keine Rolle. „Er war das süßeste Kind, das du jemals treffen möchtest. Nur ein Bündel nervöser Energie. Er würde sagen: ,Mütter, diese Mütter, diese Mütter, die immer versuchten, meine Aufmerksamkeit zu erregen'. Er war eine Puppe. Ich war damals so stolz auf ihn, weil er wirklich ein Talent hatte, das gerade bereit war zu explodieren. Und hat es geschafft! Nur ein paar Jahre später war er auf dem Weg, ein Weltidol auf seinem Gebiet zu werden." So schwärmte Vickie 1965 über ihn, wie in Michael Grays Bob Dylan Enzyklopädie zu lesen ist.

Und zwanzig Jahre später, 1985, dankte Dylan seiner Förderin: „[...] oh Mann, ich habe sie geliebt [...] ich habe so viel von ihr gelernt, dass ich es nie in Worte fassen könnte."

Bei den Aufnahmen mit seiner Freundin Vickie und Big Joe Willams, ging es um die Sessions mit Roosevelt Sykes und Lonnie Johnson für das Album „Three Kings and the

Queen". Dylan nahm am 2. März 1962 an den Sessions teil und eingespielt wurden:

1. Sittin' On Top Of The World (Big Joe Williams)
2. Wichita (Big Joe Williams)
3. Big Joe, Dylan And Victoria (Big Joe Williams)
4. It's Dangerous (Victoria Spivey)

Dylan sang hier auch noch zusätzlich Background Vocals ein. Die ersten beiden Songs erschienen auf dem Spivey-Album „Three Kings and the Queen" im Oktober 1964, Nummer drei und vier erst auf „Three Kings and the Queen – Volume 2" im Juli 1972. Die Platten sind vom Label Doxy Records vor ein paar Jahren auf Vinyl wieder veröffentlicht worden.

Und Big Joe und Little Bob harmonierten prächtig, wie sich Vickie erinnerte: „Und haben die gut zusammen gespielt! Als wären sie fünfzig Jahre zusammen! ‚Komm schon Big Joe Little Junior, spiel deine Harp!' Auf diese Weise gab Big Joe für Bob stolz das Stichwort, bei einem der Titel ‚abzuheben'. Ja, das war Bob, bevor die Dame Fortuna ihn für sein großes Talent belohnte."

Und auch Dylan ist der Meinung, dass das eine der besten Aufnahmen gewesen sei, an denen er jemals beteiligt war. Und er sagt in seiner typischen Art, fast schon ungläubig: „Ich denke, eine der besten Platten, an denen ich jemals teilgenommen habe, war die Platte, die mit Big Joe Williams und Victoria Spivey aufgenommen wurde. Das ist eine Platte, die ich von Zeit zu Zeit höre, und es macht mir nichts aus, sie anzuhören. Es wundert mich, dass ich dort war und das getan habe."

Das Verhältnis zu schwarzen Menschen war für Dylan ganz natürlich und ohne Scheu und Dünkel. Aber erst seine Freundin Suze Rotolo und dann Joan Baez beeinflussen Dylan auch gesellschaftspolitisch. Seine Songtexte werden immer stärker und gewichtiger. Als sein Debütalbum „Bob Dylan" mit Folkstandards im März 1962 erscheint und floppt, ist er eigentlich schon viel weiter. Dylan ist im Village bereits als aufstrebender Songwriter bekannt und ein begehrter Live-Künstler. Er nimmt in verschiedenen Sessions von April 1962 bis April 1963 „The Freewheelin' Bob Dylan" auf. Als das Album am 27. Mai 1963 erscheint, ist sein „Blowin' In The Wind" schon bekannt von seinen Live-Auftritten, wird aber zum Hit durch die Version von Peter, Paul und Mary. Doch „The Freewheelin" bringt den Durchbruch für ihn, das Album kommt einer künstlerischen Explosion gleich. Es enthält dreizehn Songs, davon gut ein halbes Dutzend bis heute gültige absolute Klassiker seines Oeuvres.

Songs gegen Rassismus und Antikommunismus

Dylan entwickelt in den Jahren 1962 bis 1964 im Songwriting eine beispiellose Schnelligkeit, Kunstfertigkeit und Präzision. Und er schreibt einige der wichtigsten amerikanischen Songs gegen Rassismus: „The Death Of Emmett Till", „Oxford Town", „Only A Pawn In Their Game" und „The Lonesome Death Of Hattie Carroll".

In „Oxford Town" schildert er die Ereignisse rund um die Durchsetzung des Rechts von James Meredith, erster schwarzer Student an der Universität von Mississippi zu sein. Es kam zu schweren gewalttätigen Auseinandersetzungen und US-Marshalls mussten Meredith schützen.

„Only A Pawn In Their Game" greift die Ermordung des schwarzen Bürgerrechtlers Medgar Evers am 13. Juni 1963 auf. „The Death Of Emmett Till" erzählt von dem grausamen Mord an einem schwarzen Teenager, der sterben musste, weil er übermütig einer weißen Frau hinterhergepfiffen haben soll. Und Hattie Caroll war eine schwarze Haushälterin, die von ihrem weißen Arbeitgeber totgeschlagen wurde.

Staple Singers und Freedom Singers

Im März 1963 lernt er bei gemeinsamen Fernsehaufnahmen bei Westinghouse TV Mavis Staples kennen. Er kennt die Musik der Staple Singers schon eine ganze Zeit lang und ist begeistert von Mavis' rauer Stimme. Im Juni nehmen die Staple Singers „Blowin' In The Wind" auf. Eine Premiere, der viele Dylan-Covers der Staples folgen.

In dieser Zeit freundet sich Bob auch mit den „Freedom Singers" von der Bürgerrechtsorganisation Student Non-violent Coordinating Committee (SNCC) an, schreibt Robert Shelton in seiner Dylan-Biografie. Das SNCC – gesprochen „SNICK" – war mit „CORE" zusammen Veranstalter der „Freedom Rides". Für Dylan hatten die jungen schwarzen Aktivisten besondere Relevanz, weil er empfand, dass sie über sich selbst und über ihr Leben singen. Mit einer von ihnen, Bernice Johnson, hatte er ein paar Jahre intensiven Kontakt.

Bob hatte in diesen Tagen durch klare politische Ansagen für reichlich Wirbel gesorgt. Er schrieb den Song „Talking John Birch Society Blues", ein Spottlied über die gleichnamige antikommunistische Gruppe, und sollte am Vorabend des geplanten Album-Release am 12. Mai 1963 im

CBS-Fernsehsender in der Ed Sullivan-Show auftreten. Sein Vorhaben, den John Birch-Song dort zu spielen, stieß bei den CBS-Fernsehleuten auf Widerstand. Sie fürchteten, ins Kreuzfeuer der rechten, einflussreichen Extremisten zu geraten. Doch Dylan lehnte es ab, einen anderen Song zu spielen und trat nicht in der Sendung auf. Dies führte zwar zu einem positiven Echo im fortschrittlichen Teil Amerikas, brachte aber die Plattenbosse bei Columbia Records dazu, die geplante Veröffentlichung von „The Freewheelin'" zu verschieben. Da Dylan nach seinem Debüt-Flop keine starke Ausgangsposition für eine Auseinandersetzung hatte, musste er die Kröte schlucken, nutzte es aber auch gleichzeitig dafür, selbst noch verschiedene Wechsel auf der Tracklist vorzunehmen. So wurden Songs, die nicht mehr ganz seinem aktuellen Profil entsprachen, unter anderem durch „Masters Of War" und „Girl From The North Country" ersetzt. Eine sehr gute Entscheidung, die großen Einfluss auf die Qualität und den Erfolg des Albums hatte.

Greenwood, Mississippi

Pete Seeger war einer seiner großen Mentoren. Seeger war *der* politische Folksänger in der Nachfolge Woody Guthries und mit Theodore Bikel zusammen Initiator der Neuauflage des Newport Folkfestivals, das nach zweijähriger Pause – es fand 1959 und 1960 unter der Ägide von George und Joyce Wein sowie Dylans späterem Manager Albert Grossman statt – Ende Juli 1963 seine Fortsetzung erfahren sollte. Einen Auftritt Dylans beim Festival hatten die beiden Folk-Impresarios schon im Blick, als sie den nun landesweit bekannten Dylan zu einer „Vote Registration Rally" in Mississippi einluden. Mit einem Nachtflug vom 1. auf den 2. Juli 1963 machte sich der jüdische Nordstaatler zusammen mit Pete Seeger auf den Weg in den tiefen, von Rassenkämpfen zerrissenen Süden der USA. Und folgte damit auf seine Weise dem Beispiel der jungen Leute vom SNCC, die sich als „Freedom Rider" für die Sache der Schwarzen ebenfalls auf den Weg vom Norden in den Süden machten, und unter denen zu einem beträchtlichen Teil jüdische Studenten waren.

Dylan und Seeger kamen am 2. Juli 1963 in Greenwood, Mississippi, an und Bob traf dort neben Theodore Bikel auch Bernice Johnson wieder. Ein paar Tage die New Yorker Folkies, die College-Studenten aus den Nordstaaten und die armen schwarzen Farmer in Workshops zusammen.

Am 6. Juli spielte Dylan dann auf Silas Magee's Farm vor einem rund 300-köpfigem Publikum aus schwarzen und weißen Aktivisten, schwarzen Einheimischen, Journalisten und Fernsehleuten. Er trug einen neuen Song „Only A Pawn In Their Game" vor und Bernice erzählte später Shelton: „‚Pawn' war das allererste Lied, das zeigte, dass die armen Weißen ebenso von Diskriminierung betroffen waren wie die armen Schwarzen. Die Greenwood-Leute wussten nicht, dass Pete, Theo und Bobby bekannt waren. Sie waren einfach froh, Unterstützung zu bekommen. Aber sie mögen Dylan dort unten im Baumwoll-Land wirklich."

**Das Newport Folk-Festival, der „March On Washington"
und die Story von Mavis & Bob**

Es kam, wie es kommen musste. Dylans damalige Freundin Suze Rotolo war weit weg in Italien und Joan Baez, die „Queen of Folk", nahm immer mehr Platz in Bobbys Leben ein. Sie hatte ihn bereits 1961 kennengelernt, fand immer mehr Gefallen an dem „unwashed Phenomenon", wie sie ihn später im Song „Diamonds And Rust" nennen sollte. Bobby weckte bei vielen Frauen Mutterinstinkte. Für ihn war Joan ein Glücksfall. Während Suze mit dem Folkstar-Leben fremdelte, war Joanie bereits seit 1959 beim Folk-Revival dabei und nun als Künstlerin an der Spitze der Bewegung. Auch sie war politische Aktivistin und war begeistert von Dylans Songs. Und es war ihr vorbehalten, dem sich bereits ankündigenden aufgehenden Stern die Bühne zu bereiten. Beim Newport Folk Festival von 26. bis 28. Juli 1963 war sie die Queen und trug den aufstrebenden Singer-Songwriter ihrem Publikum an. In Workshops traten sie zusammen auf und Dylan hatte seinen Solo-Auftritt. Und plötzlich war er mit Joanie zusammen ganz vorne an der Spitze der Bewegung.

Doch nicht nur er erlebte seine Premiere in Newport, auch Mavis Staples und ihre Familie waren da. Es soll heftig geknistert haben zwischen den beiden. Bobby soll sogar um die Hand von Mavis angehalten haben, doch Mavis wollte nicht. Sie war jung und möglicherweise fürchtete sie auch die Tatsache, dass gemischtrassige Paare in den USA zu dieser Zeit noch vielen Anfeindungen ausgesetzt waren. In einigen Bundesstaaten waren gemischtrassige Beziehungen sogar gesetzlich verboten und wurden mit Gefängnis bestraft. Auch wenn Mavis ihm einen Korb gegeben hatte, haben sie ihre Freundschaft jedoch bis heute erhalten.

„Es war das Geheimnisvollste, was ich je gehört habe", sagte Dylan laut Mavis über die Staple Singers. Sie erklärte ihre Beziehung vor ein paar Jahren gegenüber dem AARP Magazine. Er hörte die Staple Singers 1953 zum ersten Mal im Radio und hat seitdem oft ihren Einfluss auf ihn erwähnt: „Es war, als würde der Nebel hereinrollen. [...] Ich wusste, wer Mavis war, ohne dass es mir gesagt werden musste. Ihr Gesang hat mich einfach umgehauen." Und dem Guardian sagte Mavis einmal: „Bobby sagte immer: 'Pops hat eine samtige Stimme, aber Mavis wird manchmal rau.'" Und dass sie einander eine Zeitlang den Hof gemacht hätten. „Wir schrieben Briefe hin und her, weil wir uns erst sahen, wenn wir zusammen auf einem Festival waren. Und wir haben geknutscht." Und weiter: „Ich denke oft darüber nach, was passiert wäre, wenn ich Bobby geheiratet hätte. Wenn wir ein paar kleine ‚Pflaumenbrecher' gehabt hätten, wie wäre unser Leben? Die Kinder würden jetzt singen und Bobby und ich würden uns gegenseitig stützen."

2003 haben sie eigens für das Album „The Gospel Songs Of Bob Dylan" erstmals ein Duett aufgenommen. Eine überarbeitete Fassung von „Change My Way Of Thinking". Der Gag an der Sache ist die Rahmenhandlung, die der legendären Aufnahme „Jimmie Rodgers meets The Carter Family" nachempfunden ist. Mit viel Humor und Augenzwinkern leiten die beiden Altstars ihren gemeinsamen Song ein. Bob bittet, für Mavis etwas zu kochen und er gesteht ihr, er habe den Blues. Gemeinsam vertreiben sie den Blues per Gesang.

Bob sang in Newport 1963 seinen antirassistischen Songs „Only A Pawn In Their Game" und zusammen mit dem gesamten Line-Up die Bürgerrechts-Hymne „We Shall Overcome". Bob Dylan und Joan Baez – das Traumpaar von Folk und Protest hatte sich öffentlich gefunden. Suze zog im August aus der gemeinsamen Wohnung aus, 1964 trennte sie sich endgültig von Bob. Joanie und Bobby aber gingen nach Newport 1963 zusammen auf eine Kurz-Tournee an der Ostküste, unterbrochen von den ersten drei Aufnahmesessions für Dylans neues Album „The Times They Are A-Changin", das im Januar 1964 veröffentlicht wurde und den Höhepunkt seiner Protest-sängerkarriere darstellt.

Am 28. August 1963 standen die beiden dann beim „March On Washington" auf der Bühne, auf der Martin Luther King seine berühmte Rede „I Have A Dream" halten sollte. Joan Baez spielte „Oh Freedom" und sang mit der Menge zusammen „We Shall Overcome". Dylan sang solo „When The Ship Comes In" und mit Baez zusammen „Only A Pawn In Their Game". Im Finale sangen sie „We Shall Overcome" mit Peter, Paul and Mary und Theodore Bikel.

Am 31. Oktober 1963 fand die letzte Aufnahmesession für das Album „The Times They Are A-Changin'" statt. Knapp drei Wochen später, am 22. November, wurde John F. Kennedy in Dallas ermordet. Dylan ging dessen Tod sehr nahe, nur widerwillig gab er am Folgetag ein Konzert. Drei Monate nach der Ermordung Kennedys reiste Dylan nach Dallas und hatte nach dem Besuch des Attentats-Schauplatz erhebliche Zweifel an den offiziellen Schilderungen zum Tathergang. Für ihn war Lee Harvey Oswald nur ein Bauernopfer und bis heute – "Murder

Most Foul"! – geht er von einem Komplott des militärisch-industriellen Komplexes aus.

Kennedys Tod nahm ihn mit, er machte sich Sorgen über den Hass, der in Amerika herrschte, und das verstärkte nochmals die ohnehin schon vorhandenen Ängste davor, von der jugendlichen Protestbewegung als politischer Führer angesehen zu werden. Dies führte zu einer gewissen Distanz zur Protestbewegung und zu einer Entwicklung, die 1964 in sein Album „Another Side Of Bob Dylan" mündete.

Tom Paine Award

Dies muss mitbedacht werden, als Dylan am 13. Dezember 1963 bei der Verleihung des „Tom Paine Awards" durch die „Emergency Civil Liberties Union (E. C. L. U.)" im New Yorker Hotel Americana in angetrunkenem Zustand eine verunglückte Rede hielt. Irgendwas hatte da in ihm geschlummert, das jetzt durch den Alkohol rauskam. Er war auf Krawall gebürstet, hielt erst dem Publikum vor, dass es vorwiegend grau und weiß sei – das stimmte! –,und, dass seine Freunde nicht feine Anzüge tragen müssten, um als respektable „Negroes" angesehen zu werden – auch das ist nicht so dumm –, brachte es aber unglücklicherweise in den Zusammenhang mit dem „March on Washington". Schließlich leistete er sich den Fauxpas zu sagen, auch er fühle Dinge in sich, die er bei Lee Harvey Oswald, dem Kennedy-Attentäter, gesehen habe, aber er würde natürlich nicht so weit gehen und schießen. Waren die liberalen Zuhörer vorher noch unruhig, aber höflich, so erntete der gute Bobby nun heftige Buhrufe. Skandal!

Dylan versuchte danach mit einem Brief die Wogen zu glätten. Relativierte, beschwichtigte, verschlimmbesserte. Wie auch immer, der zentrale Punkt lautete:

„I can not speak. I can not talk

I can only write an I can only sing

perhaps I should've sung a song

but that wouldn't a been right either

for I was given an award not to sing

but rather on what I have sung

[...]

I thought something else was expected of me

other than just sayin „thank you"

an I did not know what it was

it is a fierce heavy feeling

thinkin something is expected of you

but you dont know what exactly it is [...]

it brings forth a wierd form of guilt"

Dylan wollte kein Speaker für irgendetwas mehr sein. Er wollte er selbst sein, das machen, was er wollte, nicht mehr das, was andere erwarteten.

Bob Dylan hatte 1963 für sein Empfinden sein Maß an konkretem politischem Engagement übererfüllt. Seine Zeit als vermeintlicher politischer Anführer war bereits vorbei. Bernice Johnson sagte später Robert Shelton dazu: „Ich hatte das Gefühl, dass er einige emotionale Geschichten durchmachte, und ich wollte da kein Urteil fällen. Einige Weiße haben sich unserer Bewegung angeschlossen, weil sie Schwarze irgendwie besonders mochten, und andere waren einfach voll von Schuldgefühlen. Dylan war da ganz anders. Als er sich von der Bewegung zurückzog, da waren es die Weißen bei SNICK, die ihm das übel genommen haben. Dieses Gerede von wegen ‚er verkauft sich' haben wir nur von den Weißen gehört, nie von den Schwarzen.“

Das Jahr 1964 sollte eine andere Seite Dylans zeigen und ein Jahr des Übergangs sein. Während im Januar 1964 „The Times They Are A-Changin'“ veröffentlicht wird, ist Bob Dylan wieder mal schon einen Schritt weiter. Er löst sich von der politischen Folk-Bewegung. Die Ablösung sollte bis zum Sommer 1965 andauern – im Frühjahr verließ Joan Baez wutentbrannt seine England-Tournee – und durch einen Rockauftritt in Newport besiegelt werden. Unpolitisch war seine Musik nun dennoch nicht. Er legte Mitte der 1960er drei herausragende Alben vor, die inhaltlich die Autonomie des Individuums in der Gesellschaft verhandelten. Und mit rebellischen Songs wie „Subterranean Homesick Blues“ und „Maggies Farm“ blieb er ein Stachel im konformistischen und konsumistischen Amerika und ein Role Model für viele kritische Geister. Vordergründig zumindest, bis zu seinem Motorradunfall im Sommer 1966. Sein Einfluß auf die nun neue Protestgeneration war auch in der Zeit weiterhin vorhanden, in der er zurückgezogen in Woodstock lebte und mit The Band im Keller musizierte. Aber da war Dylan schon einem anderen einem nonkonformistischen Ame-

rika auf der Spur. Dem „alten, gefährlichen Amerika" laut
Greil Marcus. Und das hatte erst recht vielfältige afroamerikanische Wurzeln.

3. Die schwarzen Wurzeln der "Basement Tapes"

Elijah Wald ist neben Greil Marcus sicher einer der klügsten Köpfe des US-amerikanischen Musikjournalismus. In seinem profunden Buch „How The Beatles Destroyed Rock'n'Roll" hat er ausgiebig herausgearbeitet, wie die späteren Arbeiten der Beatles in ihrer Ausrichtung an der europäischen Kunstmusik dem über die Rassengrenzen hinweg bestehenden fruchtbaren Austausch von schwarzen und weißen Stilen im Rock'n'Roll und seinen populären Vorgängern Jazz, Swing und Ragtime ein Ende setzte. Die Phantasieuniformen der Sgt. Peppers Band waren somit nicht umsonst den britischen Promenadenkonzerten und ihrer Hochzeit während des Kolonialismus nachempfunden. In der Folge entwickelten sich sowohl die psychedelische Rockmusik als auch Progressive und Classic Rock und das nach Anerkennung heischende Schielen auf die europäische Klassik und die Aufnahme in den bürgerlichen Bildungskanon.

Musik-Austausch über Rassengrenzen hinweg

Anfang der 1960er folgte durch das Folk-Revival ein neuer schwarz-weißer Austausch dem mittlerweile kraftlosen Rock'n'Roll. Ganze Heerscharen eifriger Bluesbegeisterter brachen in den Süden auf, um nach den alten „authentischen" Bluesmen zu suchen. Dylans Auftritt in Newport beendete das Folk Revival, in dem er dem Rock'n'Roll in den Mittsechziger Jahren durch die Verbindung mit surrealen, subversiven Texten wieder Kraft verschaffte. Nicht umsonst fußt „Subterranean Homesick

Blues" musikalisch auf Chuck Berrys „Too Much Monkey Business".

Nachdem Dylan den Rock'n'Roll auf eine neue Ebene gehievt hatte, begann während seiner Auszeit die Arbeit an „Sgt. Pepper" durch die Beatles. Zu deren surrealistischen, psychedelischen Klanggebilden kamen ein vierzigköpfiges Orchester sowie das Mellotron zum Einsatz, sodass diese Musik im Jahr 1967 live nicht reproduzierbar war. Jetzt ging es nicht mehr darum, Musik zu machen, die – Rock hin, Rock her – eigentlich Folkmusik war und einfach nachgespielt werden konnte, weil sie auf der Musik von einfachen schwarzen und weißen Menschen fußte. Jetzt wollte man Kunstmusik machen. Und dem Beispiel der Beatles folgten viele.

Dylan war das suspekt. Er hatte wenig für die Hippieträume übrig und wollte, nachdem er zumindest teilweise den Weg zur surrealen Variante der Rockmusik angestoßen hatte, wieder zurück zu einfacheren Klängen. Während sich Rock zu Psychedelic, Progressive und Classic Rock und der Blues zu Soul und Funk entwickelte und damit die viele jahrzehntelange gemeinsame Entwicklung schwarzer und weißer Popmusikstile – einschließlich der Countrymusik – gekappt war, zerlegte Dylan mit The Band die Rockmusik wieder in ihre Einzelteile – Folk, Gospel, Blues, Country, frühen Rock'n'Roll – und schuf damit etwas Neues, Eigenes: Americana!

Dies konnte Dylan auch tun, weil er mit The Band kongeniale Musiker an seiner Seite hatte. Die Jungs hatten schon alles miterlebt, alle Musikstile gespielt und gelebt. Wo Dylan mal instinktiv, mal intellektuell ranging, da hatten The Band schon ihre Erfahrungen gemacht. Sie kannten die schwarzen Juke Joints, die Beizen, Spelunken, Spielerparadiese und Hurenhäuser. Sie hatten nicht in der Komfortzone des Village und der Folk Festivals mit den schwarzen Musikern gespielt, sondern eben da, wo sie und ihre Musik herstammten und anzutreffen waren. In den Kaschemmen des ländlichen Südens und in den verräucherten Bars von Chicago.

Universelle Songs und universelle Themen

Unter den gut hundert Standards aus der amerikanischen Musiktradition waren etliche alte Bluesstücke sowie auch viele Songs, auf die der Begriff „Americana" bestens passt, wie beispielsweise „My Bucket's Got A Hole In It". Zugeschrieben wird er Clarence Williams, einem afro-amerikanischen Jazzpianisten und Komponisten aus Louisiana, dem 1933 das Copyright dafür zugeschlagen wurde. Allerdings sind Thema und Motiv viel älter und gründen sich auf den 1914 publizierten „Long Lost Blues". Clarence Williams' Version war der Ausgangspunkt für viele Adaptionen von Louis Armstrong über Sonny Burgess bis Lefty Frizell. Die bekannteste stammt aber sicher von Hank Williams, der einen Country-Hit daraus machte und ihn selbst wohl von seinem musikalischen Lehrmeister, dem schwarzen Schuhputzer und Straßenmusiker Rufus „Tee Tot" Payne, gelernt hat. Besser als dieser Song kann die immer während gegenseitige schwarz-weiße musikalische Befruchtung gar nicht verdeutlicht werden. Sie war immer da, wenn sie auch meist aufgrund von Rassengesetzen im Untergrund vollzogen wurde. Denn gerade die Ikonen der frühen Countrymusik haben ihren schwarzen Lehrern und Helfern viel zu verdanken.

Wie Hank Williams so auch A. P. Carter, das Oberhaupt der Carter Family, der ohne seinen schwarzen Helfer Lesley Riddle nicht derartig viele Folksongs hätte zusammentragen können. Oder Bill Monroe, der Vater des Bluegrass, der musikalisch stark von dem afroamerikanischen Gitarristen Arnold Shultz beeinflusst wurde.

Ebenfalls in diese Kategorie von Songs fällt „People Get Ready" aus den Basement-Sessions. Geschrieben von Curtis Mayfield, haben es von Aretha Franklin bis Glen Campbell Musiker aller Genres gesungen. Neben der Version mit The Band von den Basement Tapes hat es Dylan noch zweimal aufgenommen. Zum einen in einer Live-Version von der Rolling Thunder Review 1975 im Rahmen seiner Bootleg Series und dann für den Soundtrack zu dem Dennis Hopper- und Kiefer Sutherland-Film „Flashback" von 1990.

Neben den Songs, die zwischen schwarzen und weißen Musikern wandern, weil sie eben universell sind und jede Rassenideologie Lügen strafen, gibt es auch universelle Themen, die hier in verschiedenen Ausformungen, sprich Songs, zu finden sind. „Tupelo", ein Song von John Lee Hooker, der die große Mississippi-Flut von 1927 zum Inhalt hat, wird hier ebenso eingespielt wie Dylans eigener Song „Down In The Flood", der an Memphis Minnies „When The Levee Breaks" erinnert. Die Mississippi-Hochwasser gehören zur Lebensrealität aller Menschen im Süden und durchziehen die Blues-, Country- und Americana-Musik bis heute. Von Charley Pattons „Highwater Everywhere" über Hookers „Tupelo", Johnny Cashs „Five Feet High And Rising", Dylans „Down In The Flood" und seine 2001er Hommage „High Water (for Charley Pat-

ton)" bis hin zu Thomm Jutz' Song „The Flood Of 2010"
über das Hochwasser des Cumberland River, das in be-
sagtem Jahr ganz Nashville und sogar die Grand Ole Opry
unter Wasser setzte.

Dylan aber übernimmt in seinen Flood-Songs ganz bewusst die afroamerikanische Spielart. Die Angst des afroamerikanischen Menschen um das nackte Überleben
zeichnet Dylan mit dramatischen, existentiellen Bildern
nach, in dem er an die einfachen und archaischen afroamerikanischen Muster anknüpft.

Traditionelle Musik ganz fortschrittlich

Dylan und The Band waren alles weiße Jungs, aber ihre
Musik hatte ihr Fundament ganz eindeutig auf der
schwarzen und der durch den musikalischen Dialog zwischen schwarz und weiß entstandenen Musik. Auch ein
Beleg dafür, dass traditionelle Musik gesellschaftlich
fortschrittlicher sein kann als die sogenannte „progressive Musik". Gerade wenn letztere sich auf Musik bezieht,
deren soziale Träger die privilegierten Stände waren.
Und in diesem Sinne haben Bob Dylan und The Band
Fortschrittliches geleistet, als sie den Roots-Rock und das
Americana erfanden und sich von den psychedelischen
Klängen fernhielten. Denn deren soziale Träger waren
auch wieder nur die gut ausgebildeten Kids aus der weißen Ober- und Mittelschicht. Dylan und The Band und
ihre Musik aber blieben offen für die afroamerikanischen
Einflüsse.

4. Black Panthers & The Hurricane

Als Bob Dylan im November 1971 die Single „George Jackson" veröffentlicht, ist die Musikwelt verblüfft. Ausgerechnet Dylan, der sich seit Mitte der 1960er Jahre ausdrücklich nicht mehr als Protestsänger verstand und sich für keine politischen Zwecke mehr vereinnahmen lassen wollte, hatte erneut einen Protestsong aufgenommen. „What The Hell?", dachte da so mancher Musikfreund.

Also was könnte dahinterstecken? Dylan hatte sich 1965 endgültig von konkreten tagespolitischen Protestsongs abgewandt. Nicht, dass er nun keine Gesellschaftskritik mehr äußern würde. „Maggies Farm", „It's Alright Ma, I'm Only Bleeding", „Subterranean Homesick Blues" oder „All Along The Watchtower" sind große Gesellschaftspanoramen über den Menschen in der verwalteten Welt, dem Individuum im Kapitalismus. Er tut dies aber ohne Handlungsanleitung, ohne einer Bewegung zugehörig oder gar ihr Anführer sein zu wollen.

Dennoch gab es Menschen, die diese Songs durchaus als Handlungsanleitung verstanden beziehungsweise Dylans Songs als wichtige Beiträge für ihre Gesellschaftsanalyse einstuften. Die linke, studentische militante Gruppe „The Weathermen" entlieh sich ihren Namen aus Dylans „Subterranean Homesick Blues". Noch größer war aber wohl die Bedeutung für die Black Panther. Die beiden Studenten Bobby Seale und Huey P. Newton gründeten im Oktober 1966 die Black Panther Party (BPP) im kalifornischen Oakland. Sie versuchten die Frustration und Gewaltausbrüche der Schwarzen in den Ghettos umzuleiten in eine sozialistische, antikapitalistische Kampforganisation. Gleichzeitig begeisterten sich die beiden für Bob Dylans Album „Highway 61 Revisited". Als sie die erste Ausgabe ihrer Black Panthers-Zeitung vorbereiteten, hörten sie die Platte rauf und runter. Sicher waren die beiden große Musikfans, aber sie waren auch bereit, Dylans Worte als wichtig für ihre eigene Lage zu begreifen.

Black Panthers-Funktionäre als Dylan-Fans

Schon der Albumtitel war in diesem Sinne ein Statement. Der Highway 61 war für die Black Community als „Freedom Road" im kollektiven Bewusstsein abgespeichert. Die Nord-Süd-Verbindung führte von Minnesota bis New Orleans. Sie war die Straße, entlang der die Sklaven in den freien Norden flohen, sie war der Blues Highway für die schwarzen Wandermusiker und sie war der Weg in die Hoffnung auf ein besseres Leben in der „Great Migration" in den 1940er und 1950er Jahren. Für Seale und Newton war dies ein Zeichen dafür, dass „Bruder Bobby" der Black Community nahestand. Und noch mehr: Der Song „Ballad Of A Thin Man" war für sie ein Gleichnis über rassistische Unterdrückung. Bobby Seale: „Man muss verstehen, dass dieses Lied verdammt viel über die Gesellschaft aussagt." Ihre Begeisterung ging sogar soweit, dass sie den Song auf Versammlungen über die Tonanlage erschallen ließen, bevor und nachdem sie ihre Reden hielten.

In der Folgezeit radikalisierten sich die Black Panthers, trafen aber auch auf eine entschiedene Feindschaft seitens der weiß dominierten Polizeibehörden. Für FBI-Chef

J. Edgar Hoover, der schon Martin Luther King überwachen ließ, waren die militanten Black Panthers die größte Gefahr für die Sicherheit der USA. Das FBI verwickelte die Black Panthers in einen gewaltreichen Kleinkrieg. Irgendwann schworen die Black Panther dem bewaffneten Auftreten ab, entwickelten verstärkt politische und soziale Aktivitäten in den schwarzen Wohnvierteln und versuchten eine Ausrichtung auf die schwarze Arbeiterschaft. Doch es half ihnen nichts in Bezug auf die Verfolgung durch das FBI.

Zu dieser Zeit radikalisierte sich auch George Jackson, ein Ex-Mitglied der Black Panthers, der am 21. August 1971 bei einem Fluchtversuch aus dem St. Quentin Staatsgefängnis erschossen wurde. Jackson wurde schon früh zu Jugendgefängnisstrafen verurteilt, kam dann wegen eines bewaffneten Raubüberfalls in den Strafvollzug, setzte sich gleichzeitig dort aber auch mit den Lehren von Marx, Lenin, Trotzky und Mao auseinander. Als Persönlichkeit ist er umstritten, als Mitbegründer des radikalen Panthers-Ableger Black Guerilla Family hat er dennoch Märtyrerstatus erlangt.

Warum sang Dylan aber ein zugegebenermaßen etwas romantisierendes und poetisch durchaus auch ein bisschen leichtgewichtiges Lied über den militanten schwarzen Aktivisten? Seit 1964 hatte er keinen konkret politischen Song mehr geschrieben. Dylan sang über Jackson:

„Prison guards, they cursed him
As they watched him from above
But they were frightened of his power
They were scared of his love.

Lord, Lord,
So they cut George Jackson down.
Lord, Lord,
They laid him in the ground."

Eine Erzählung dazu geht so: Nachdem er seit Mitte 1966, seit seinem Motorradunfall, seine Version des amerikanischen Familienidylls lebte und sich seine Songs immer weniger mit der konkreten Lebensrealität auseinandersetzten, sah er sich möglicherweise herausgefordert, mal wieder etwas Zeitkritisches zu veröffentlichen. Joan Baez hatte im November 1971 auf einer New Yorker Bühne ihre vergiftete Ode „To Bobby" gesungen. Ihr bekannter glockenheller Sopran klang sehnsuchtsvoll, während ihre Worte aus heutiger Sicht böse und übergriffig wirken. Bobby sollte sich gefälligst einreihen und an die Spitze der Bewegung stellen. Da wurde ein heftiger moralischer Druck aufgebaut:

„Do you hear the voices in the night, Bobby?
They're crying for you
See the children in the morning light, Bobby
They're dying."

Baez, Lennon, Weberman – alle machen Druck

Eine andere Erzählung geht so: Plötzlich war A. J. Weberman auf der Bildfläche aufgetaucht. Ein radikaler, abgedrehter, völlig auf Dylan fixierter Typ, der die „Dylan Liberation Front" gegründet hatte und versuchte mit dem linksradikalen Aktivisten Jerry Rubin und John Lennon Druck auf Dylan auszuüben, wieder politisch aktiv zu werden. Sie sahen in dem Umstand, dass Dylan am 1. August 1971 am großen Benefizkonzert für Bangladesh teilgenommen hatte, einen Hinweis dafür, dass Bobby wieder in die politische Spur zurückkam. Also veröffentlichte Bob Dylan den Song „George Jackson" sozusagen, um an der „Dylan Liberation Front" Ruhe zu haben. Beide Seiten sollten sich irren. Dylan artikulierte sich über diesen Song hinaus weiterhin nicht tagespolitisch.

Während Lennon trotzig sein böses: „I don't believe in Zimmerman" herausschrie, nervte Weberman Dylan weiter. Dylan war mit seiner Familie 1970 aus den Bergen zurück ins Greenwich Village gezogen. Webermans abgedrehter Kreuzzug führte erst zu einer handfesten Prügelei mit Dylan und endete damit, dass Dylan mit seiner Familie schließlich weit weg nach Kalifornien zog. Die Bedrohung seiner Familie und seiner selbst durch Leute wie Weberman mögen ihren Beitrag dazu geleistet haben, dass Dylan in den folgenden Jahren endgültig zu einer „hidden persona" wurde.

Doch bleiben wir bei „George Jackson". Eine weitere Erklärung für die Veröffentlichung liest sich so: Nachdem der Black Panther-Anwalt Gerald Lefcourt in einem Schreiben Dylan gebeten hatte, ein Benefizkonzert oder ähnliche Hilfen zu geben, um die Verfahrenskosten für vor Gericht stehende Black Panther-Aktivisten aufbringen zu können, traf sich Dylan angeblich mit den Black Panthern Huey Newton und David Hilliard. Dylan veröffentlichte zwar den Song „George Jackson", habe aber die Panther wegen ihrer antizionistischen Haltung nicht weiter unterstützen wollen. Diese Geschichte hätte die Runde gemacht, schrieb damals sein Biograph Anthony Scaduto im „New York Times Magazine". Dylan selber stritt später ab, dass ein solches Treffen stattgefunden hatte.

Doch wie auch immer. Ob nun wahr oder nicht: Die Episode sagt viel aus über das veränderte Verhältnis von Jewish und Black Community Ende der 1960er Jahre. Denn wie schon früher in diesem Buch erwähnt: Bis in die 1960er Jahre engagierten sich viele jüdische Amerikaner für und mit den Schwarzen in der Bürgerrechtsbewegung. Es war auch ihr Kampf, denn Rassisten sind immer auch Antisemiten. Erst mit dem Aufkommen der schwarzen „Nation of Islam" und den Black Panthers ab Ende der 1960er kam es wegen deren Anti-Zionismus zu Rissen im gesellschaftlichen Bündnis von Jewish und Black Community.

Was das musikalische Engagement Dylans für Jackson angeht, gibt es noch eine einleuchtendere Version, die Peter Doggett in seinem Buch „There 's A Riot Going On" schildert. Nach der war es möglicherweise Dylans Freund und Black Panther-Sympathisant Howard Alk, der Dylan Ende Oktober „Soledad Brother", eine Sammlung von Jacksons Gefängnisbriefen, geschenkt hatte. Die Erinnerung an den Tod Jacksons am 21. August war noch frisch und die Lektüre berührte Dylan persönlich. Und inspirierte ihn rasch, den Song zu schreiben und aufzunehmen.

Dylan begeistert sich für Persönlichkeiten, nicht für politische Ziele

Für den Autor dieses Buches liest sich die letzte Erklärung am plausibelsten. Dylan will sich seit Mitte der 1960er nicht mehr von irgendeiner Gruppe vereinnahmen lassen. Vielleicht flirtete er eine kurze Zeit mit den Black

Panthers, er liebäugelte jedoch wirklich, aber nur für kurze Zeit, mit der „Jewish Defense League" und er war wenige Jahre eifriger Anhänger der evangelikalen Vineyard Fellowship. Und jedes Mal war der Mechanismus der Gleiche: Dylan begeisterte sich für Menschen. Für George Jackson, für Rabbi Meir Kahane, für die religiöse schwarze Schauspielerin Mary Alice Artes, die ihn zur Vineyard Fellowship bringt. Er ist aber kein Politiker, kein Polit-Taktiker, Stratege oder Parteisoldat. Er ist Humanist, Individualist und ein eigenwilliger, kritischer Geist. Er löst sich daher auch irgendwann wieder aus Organisationen, Kirchen und Vereinigungen, wenn sie seinen humanistischen Idealen widersprechen.

Nur wenige Jahre nach „George Jackson" begeisterte sich Dylan wieder über die Lektüre von Schriften aus dem Gefängnis für einen Menschen. Und wieder war es ein Afroamerikaner. „The Sixteenth Round" war die Biografie des zu Unrecht wegen Mordes verurteilten schwarzen Boxers Rubin „Hurricane" Carter, die 1974 veröffentlicht wurde. Ein Exemplar ließ er Bob Dylan zukommen, der ihn daraufhin 1975 im Staatsgefängnis von Trenton besuchte. Dylan nahm eine erste Fassung des Songs „Hurricane" Ende Juli 1975 auf, musste den Song aber mit etwas verändertem Text nochmals einspielen, da die Anwälte seiner Plattenfirma wegen bestimmter Textstellen gerichtliche Auseinandersetzungen befürchteten. Die Neueinspielung fand dann im Oktober 1975 bei den Sessions statt, die später zur Rolling Thunder Review und zum Album „Desire" führen sollten.

Und dieser Song „Hurricane" war aufrüttelnd, mitreißend und verstörend. Ein ganz anderes Kaliber als „George

Jackson". Dylan, der angebliche Meister der vagen und unverbindlichen Songpoesie, hatte es hier geschafft, zu wohlklingender, treibender Musik einen Text zu schreiben, der mit genauester journalistischer Recherche aufzeigt, wie das Lügengeflecht und die rassistischen Justiz- und Polizei-Intrigen gegen Rubin Carter gesponnen wurden. Er setzte damit genau das um, was er einmal seinem Sangeskollegen Phil Ochs vorgeworfen hatte. Der wäre gar kein Sänger, sondern Journalist. Dylan wandte sich hier mit großer Eindrücklichkeit und Entschiedenheit gegen die Rassen-Justiz in den USA.

Wie Dylan aber seine Recherche künstlerisch aufarbeitete – unterstützt vom Off-Broadway-Regisseur Jaques Levy – war grandios. Die schon erwähnte mitreißende Melodie bildet den Hintergrund für großartige dramatische Literatur. Wie ein Bühnenstück, wie ein Film-Drehbuch, breitet Dylan die Geschichte vor uns aus. Eine Zeugin, Patty Valentine, klagte später tatsächlich, aber erfolglos, gegen ihre Darstellung im Song, die sie ihrer Ansicht nach zum Teil einer Verschwörung gegen Carter machte.

„Hurricane" war ein zentraler Bestandteil seines Albums „Desire" und der Konzerte der Rolling Thunder Review. „The Night Of The Hurricane", das Benefiz-Konzert im Madison Square Garden, bei dem auch Muhammad Ali für Carter eintrat, beendete die Tour.

Rubin „Hurricane" Carters Kampf gegen diese Justizwillkür sollte viele Jahre dauern. Dylan hatte das Lied gemacht, doch es nützte nichts, 1976 wurde die Revision abgelehnt. Erst 1985 wurde Carter – fast zwanzig Jahre nach dem Fehlurteil von 1967 – freigesprochen. 2000 erschien dann ein Hollywood-Film mit Denzel Washington als „Hurricane", in dem auch die Dylan-Geschichte und der Song vorkommen.

Den Song hat Dylan seit der „Night Of The Hurricane" nie mehr gesungen. Und dennoch bleibt er als einer seiner größten Hits unvergessen. Im Gegensatz zu „George Jackson". Den hat er nie live gesungen und über den ist mittlerweile viel Gras gewachsen. Auch wenn seine Qualität sicher umstritten ist, als Zeichen der Empathie Dylans für die Lage der Afroamerikaner in den USA ist er jedoch ein wichtiger Schlüssel zum Verständnis für Dylans Beziehung zur Black Community.

5. From Black Soul to Black Gospel

Vor einigen Jahren sah ich Oliver Hardts bemerkenswerten Film „The United States Of Hoodoo". Er spürt den Wurzeln der afroamerikanischen magischen Hoodoo-Kultur in der afrikanischen und karibischen Voodoo-Religion nach. Hoodoo ist eine Volkskultur magischer Rituale, die sich in den ländlichen Südstaaten der Vereinigten Staaten unter der afroamerikanischen Bevölkerung entwickelte. Es verbindet Elemente afrikanischer und indianischer Magie miteinander, nahm aber auch andere, etwa europäische Einflüsse auf. Voodoo dagegen ist eine fest umrissene Religion, die aus Westafrika stammt und heute vor allem im karibischen Raum und in Haiti beheimatet ist. Darüber schrieb ich damals auf meinem Blog, und dies kam mir nun wieder in den Sinn, als ich mich mit dem Thema „Bob Dylan und Black America" auseinandersetzte.

Voodoo und Hoodoo in der afroamerikanischen Kultur

Hoodoo-Spuren finden sich an vielen Stellen in der amerikanischen Kultur und Alltagskultur. Vom Mississippi-Blues bis zum Rap, von der bildenden Kunst bis zur New Orleans-Küche. Sie finden sich in der liberalsten Stadt des US-amerikanischen Südens – New Orleans – ebenso wieder wie in den tief christlich geprägten Landstrichen am Mississippi Delta. Sie finden sich im schwarzen Gospel-Gottesdienst genauso wie im Blues, im Soul, im Rock'n'Roll. Und durch die Verschmelzung der weißen Hillbilly-Musik mit dem schwarzen Blues finden sie sich sogar in der weiß geprägten Countrymusik.

So ist der Mythos vom faustischen Pakt des Bluesmusikers Robert Johnsons mit dem Teufel – Johnson soll dem Herrn der Finsternis an einer Wegegabelung seine Seele verkauft haben, um fortan exzellent Gitarre zu spielen – nur die christliche Lesart des Zusammentreffens des Musikers mit dem Voodoo-Gott Legba, der ein Gauner, ein Trickster ist und nicht das personifizierte Böse wie der Teufel. Diese Lesart geht einher mit der christlichen Verteufelung der afrikanischen Religion der schwarzen Sklaven, als auch mit der Ablehnung der „sündigen" Blues- und Soulmusik durch die schwarzen Christengemeinden im Süden.

All das schwingt auch in Songs von Bob Dylan mit. So dachte ich mir jedenfalls damals. Schließlich stammt Dylan aus der Generation amerikanischer Musiker, die sich als erste ganz offen zur afroamerikanischen Musiktradition bekannt haben. Elvis war vor allem auch ein weißes Phänomen der Abgrenzung. Gemacht, um diese Art von Musik auch an ein weißes Publikum zu verkaufen. Musiker wie Dylan, die Stones, Clapton oder auch The Band bekannten sich dagegen auch öffentlich zu den Protagonisten der schwarzen Musik und die Folkszene Anfang der 60er holte die alten Bluesmänner zurück ins Rampenlicht.

Dylan ist als weißer Mittelstandsjunge geprägt von der jüdisch-christlich-abendländischen Tradition. Und doch sind Einflüsse von afroamerikanischer Hoodoo-Alltagskultur auch in seinem Werk zu finden, vermittelt über die Blueslyrik. Wobei auch andere afroamerikanische, literarische Einflüsse auf seine Songlyrik festzustellen sind. Wir kommen später in diesem Buch ausführlicher darauf zu sprechen.

So ging ich damals bei der voreiligen Heranziehung von „Carribean Wind" – Vodoo ist ja in der Karibik verbreitet – dann auch gleich in die Irre. Es sind andere Songs, die kleinste Hoodoo- oder Vodoo-Spuren in sich tragen. „Jokerman" beispielsweise, dessen mystische Sprache Bezüge aufweist, dessen Protagonist – der unbeschwerte, leichtfüßige Jokerman, Gauner, Trickster – Züge von Papa Legba trägt. Ein Song, der entstanden ist, als Dylan sich einige Zeit immer wieder mal in der Karibik aufhielt, weil er auf den Bahamas eine Yacht hatte. Und Dylan wäre nicht Dylan, wenn er nicht Stimmung und Vorstellungswelt der Menschen dieser Gegend aufgesogen hätte wie ein Schwamm.

Hoodoo-Spuren sind natürlich auch in „Blind Willie McTell", Dylans lyrisch-musikalisch-mystische Retrospektive des alten Südens zwischen Sklaverei und Bürgerkrieg, christlicher Erweckung und afrikanischer Herkunft der schwarzen Sklaven, enthalten. Oder im Album „Oh Mercy", das in New Orleans entstanden ist, und über dem eine flirrende, geisterhafte Stimmung liegt.

Und ganz besonders im Song „New Pony" vom Album „Street Legal", der von Charlie Pattons und Son House' „Pony Blues" beeinflusst ist.

Afroamerikanische Kultur zwischen Christentum und afrikanischer Tradition

Charlie Patton und Son House: Zwei der Bluessänger, die explizit damit in Verbindung gebracht worden sind, dass der Blues die Musik des Teufels ist. Warum soll er das sein? Nun, weil der Blues sexuelle Themen präferiert und das von vielen christianisierten Schwarzen verdrängte und verleugnete afrikanische Voodoo-Erbe fortführt, in dem Polygamie und verschiedene sexuelle Orientierungen erlaubt waren.

Und was singt Dylan dann auch im Song „New Pony" seines letzten „vorchristlichen" Albums?

„They say you're usin' voodoo, your feet walk by themselves

They say you're usin' voodoo, I seen your feet walk by themselves

Oh, baby, that god you been prayin' to

Is gonna give ya back what you're wishin' on someone else."

Und in der Tat, im Blues lebt das alte afrikanische Erbe fort. Tony Atwood, der auf seinem lesenswerten Dylan-Blog „Untold Dylan" auch diesen Song besprochen hat, hat etwas verkürzt, so meine ich, für den Titel alleine „Sex und Blues, Blues und Sex. Total verschlungen" als Fazit gezogen.

Aber warum Voodoo? Warum heißt das Pony Lucifer?

Natürlich geht es hier um Sex und Blues. Aber es geht auch um den Glauben an Voodoo und um den Glauben an den christlichen Gott. Und wenn Dylan hier singt, dass sein Baby Voodoo-Zauber benutzt, und er sagt ihr: „es ist aber Gott, zu dem Du gebetet hast und der gibt Dir zurück, was Du anderen gewünscht hast", dann ist das auch eine Auseinandersetzung zwischen schwarzem christlichen und afrikanisch-karibischem Glauben.

Und so könnte man diesen Song auch als einen Vorgriff auf die drei christlichen Alben Dylans sehen. Wenn wir „Street Legal" als Übergangsalbum in einer schwierigen persönlichen Situation sehen, so zeichnet sich hier schon die neue Richtung ab.

Die Songs der von April bis Mai 1978 aufgenommenen Platte waren musikalisch von Gospel und Spiritual-Anklängen, vor allem aber auch viel von Soul und Blues geprägt.

Persönliche Beziehungen und afroamerikanische Identitätsfragen

Kein Wunder, arbeitete Dylan doch schon seit Mitte Januar 1978 mit der schwarzen Background-Sängerin Helena Springs zusammen, hatte wohl auch eine Beziehung mit ihr, und schrieb mit ihr fast zwanzig Songs. „Street Legal" beendete die 1970er-Phase, die vom weißen Folk-Rock geprägt war. Bob Dylan setzte sich nun, so sagte es Mitmusiker Billy Cross dem Dylan-Biograph Clinton Heylin, ganz tief mit der schwarzen Kultur auseinander.

Und er hatte unter seinen in den Jahren 1978 bis 1985 wechselnden schwarzen Background-Sängerinnen weitere enge Freundinnen, mit denen er auch Lieder schrieb oder sang, so wie Clydie King. Das Duett der beiden von „Abraham, Martin and John", das wir im Gospel-Film „Trouble No More" von 2017 sehen können, spricht Bände über seine Beziehung zu Clydie. Sie müssen sich eine Zeit lang sehr nahe gestanden haben.

Er hat sie einmal seine "ultimative" Gesangspartnerin genannt. Dylan, der bei Duetten eigentlich oftmals nahe am Desaster ist, hat mit keiner – auch nicht mit Joan Baez – so stark gesungen wie mit Clydie King. Es sind gemeinsame Aufnahmen entstanden, über die Dylan sagte, sie seien großartig, aber sie würden in keine Kategorie fallen, mit der die Plattenfirma habe umgehen können. Da man die Qualität der Duette der beiden während der Gospel-Touren gar nicht hoch genug einschätzen kann, scheint hier wirklich Großes weiterhin der Welt vorenthalten zu werden.

Clydie King, die 2019 verstorben ist, war nicht nur Background-Sängerin auch von anderen Musikgrößen wie Ray Charles, Joe Cocker oder Fleetwood Mac, sondern war auch als Solo-Sängerin in der Musikszene präsent. Ihre erste Begegnung mit der Dylan-Welt hatte sie 1969, als sie für Plattenaufnahmen Teil des Chores „The Brothers & The Sisters" war, der Dylan-Songs als Gospel einsang.

Auch die Afroamerikanerin Mary Alice Artes wurde eine gute Freundin von ihm und wurde als „Queen Bee" in den Liner Notes von „Street Legal" verewigt. Auch soll sie Dylan für den Song „Precious Angel" vom Album „Slow Train Coming" Pate gestanden haben. Sie half ihm beim Übertritt zum christlichen Glauben. Einem christlichen Glauben, der sich religiös in einer evangelikalen Kirche, kulturell aber in der Mischung aus Rock und schwarzem Gospel manifestierte. Es kann sehr gut sein, dass Dylan sich im oben genannten Song „New Pony" auch von den Empfindungen seiner damaligen schwarzen Freundinnen und deren Selbstfindung zwischen verdrängtem afrikanisch-karibischem Erbe, strenger kirchlicher Erziehung und dem ewigen Spannungsfeld zwischen Gospel, Soul und Blues beeinflussen ließ.

Ein Spannungsfeld, durch das man nicht ohne Widersprüche kommt. Dylan predigte während seiner Born Again-Phase christlich-fundamentalistisch. Er spielte schwarzen Gospel-Rock. Sein damaliger privater Lebensentwurf schien aber weitaus offener zu sein.

Wie unterschiedlich eng das Verhältnis Dylans zu seinen Backgroundsängerinnen damals nun wirklich war, darüber sollen andere spekulieren. Fakt ist, dass Bob diesen Frauen bis heute eng verbunden ist. So auch zu Regina McCrary alias Regina Havis. Sie sang von 1979 bis 1986 bei ihm im Chor und hatte auch immer wieder Solo-Auftritte im Programm. Es war schon eine interessante Konstellation. Da die Tochter eines Baptistenpfarrers und Gründungsmitglied der Gospelgruppe „The Fairfield Four" und hier der jüdische Rockstar. Der Vater erlaubte seiner Tochter, mit Bob auf Tour zu gehen, wobei Dylans neu entdeckte Jesus-Leidenschaft natürlich entscheidend mithalf. Auch zu Regina pflegt er über all die Jahre eine enge Freundschaft. Auch den einen oder anderen Song haben sie zusammen geschrieben. „Don't Make Her Cry" heißt einer und ein weiterer „Give Him My All".

Letzteren haben die „McCrary Sisters" – Regina und ihre drei Schwestern Beverly, Deborah und Alfreda – 2010 auf ihrem Debütalbum eingespielt. Ebenso wie sein „Blowin' In The Wind". 2013 standen sie dann während der großen „Americanarama"-Tour bei diesem Song zusammen auf der Bühne, und es hatte tatsächlich etwas Sakrales, als Dylan mit weißem Hut und weißem Anzug zwischen den singenden schwarzen Schwestern Mundharmonika spielte. Allesamt sind sie gläubige Menschen, und so wie sie dies musikalisch zelebrieren, kann man gut damit zurecht kommen, denn es ist tolle, leidenschaftliche Musik.

In seiner Gospelphase Anfang der 1980er aber lernte er dann auch Carolyn Dennis kennen, die seine Background-Sängerin bis Mitte der 1980er blieb. Er heiratete sie 1986 und hat mit ihr die gemeinsame Tochter Desiree Gabrielle Dennis-Dylan. Er soll den beiden ein Haus in der Nähe von Los Angeles gekauft haben. Wie auch immer - jedenfalls besuchte er sie oft in deren Domizil. Carolyn hat einmal gesagt, dass sie die Tochter schützen wollten, daher hätten sie ein Geheimnis daraus gemacht. Er sei ein großartiger Vater. Die Ehe jedoch wurde 1992 geschieden.

Gabby Goo Goo

Desiree Dennis-Dylan arbeitet heute als Sängerin und Schauspielerin und lebt offen lesbisch mit einer Frau zusammen. Bei ihrer Heirat war Dylan nicht zugegen, doch da er allem überflüssigen Trubel um seine Person aus dem Weg geht, überrascht das wenig. Mehr noch: Er wollte sicherlich nicht durch den Wirbel um seine Person die Hochzeit überschatten. Man kann davon ausgehen, dass er ihr dennoch persönlich gratuliert hat. Schließlich scheint er eine enge Beziehung zu seiner Tochter zu haben. Das 1990er-Album „Under The Red Sky" widmete er ihr: „For Gabby Goo Goo". Seine damals vierjährige Tochter mag er bei vielen Songs im Sinn gehabt haben. Die kindliche Vorstellungs- und Erfahrungswelt, die so wunderbar kompatibel ist mit dem „sich austoben" – „Wiggle Wiggle" – den Märchen – „Under The Red Sky" – und den vielen Tieren, die in den Songs vorkommen.

Ein höchst menschlicher Zug eines Vaters, der seinen Ruf als Songpoet ankratzt, um diese Songs zu singen und aufzunehmen. In diesem Sinne ist „Under The Red Sky" vielleicht nicht das Beste, aber sicher eines der menschlichsten Alben Bob Dylans. Und bis heute immer noch eine Art Ersatz. Denn Bob hatte immer mal wieder von einem Album mit Kinderliedern gesprochen. Schließlich gibt es das von anderen Ikonen der amerikanischen Musik wie Woody Guthrie, Pete Seeger und Johnny Cash durchaus. Doch immerhin hat uns Dylan vor einigen Jahren ein Weihnachtsalbum beschert. Auch hier wieder mit dem Ergebnis, durchaus auch Spott zu ernten. Doch Bob bleibt Bob und macht immer sein Ding.

Und seiner Tochter schrieb er noch Anfang des Jahrtausends als „Daddy" Postkarten an seine „Dezzy". Und Desirees Schwiegermutter sagte laut der Online-Plattform Reddit: „Er ist ein großartiger Vater und sie waren sich immer sehr nahe, es ist wie bei jeder anderen Vater-Tochter-Beziehung. Sie ist einfach nicht an einem Punkt in ihrem Leben, an dem sie gerne über ihn spricht, weil sie Angst vor der möglichen Explosion des Interesses hat."

Auch musikalisch blieb Dylan in den 1980ern der Black Community weiterhin zugewandt, 1985 nahm er mit Kurtis Blow zusammen einen Rap-Song auf.

6. Rappers Delight

Wie schon erwähnt, ist es eine Binsenweisheit, dass Bob Dylans Musik auch stark auf dem Blues begründet ist. Wie bereits erzählt, haben ihn mit Odetta, Mavis Staples, Muddy Waters, Sam Cooke oder Blind Willie McTell afro-amerikanische Musikerinnen und Musiker mit Gospel, Blues und Soul stetig begeistert und geprägt. Und der Blues wird bei vielen Musikfreunden seiner Generation als „ehrliche Musik der armen Schwarzen" geradezu ver-ehrt. Während Rap und Hip-Hop, eine der aktuellen musikalischen Ausdrucksformen – und auch schon fast vierzig Jahre alt – der Black Community bei vielen, auch progressiven Musikfreunden, lange Zeit eher auf Ignoranz oder gar Ablehnung gestoßen sind.

Der protzige, selbstverliebte Gewalt und Sexismus verherrlichende „Gangsta Rap" hatte – von der Musikindustrie konsequent als auch für weißes Publikum konsumierbare Popmusik aufgebaut – die ursprünglichen gesellschaftspolitischen Wurzeln als Ausdrucksform der schwarzen Verlierer von Strukturwandel und Gentrifizierung in den kapitalistischen Metropolen der 1970er und 1980er Jahre in den Hintergrund treten lassen. Es dauerte eine ganze Zeit lang, bis auch die linke, politische Musikszene verstand, dass auch Rap und Hip-Hop Protestmusik sind. Heute ist es Konsens, dass die Songs von Kendrick Lamar oder Childish Gambino zu den stärksten Protestsongs gegen die herrschenden Zustände in den USA gehören.

„Subterranean Homesick Blues" kündigt die Rebellion an

Bob Dylan, der ja – noch so eine Binsenweisheit – mit „Subterranean Homesick Blues" sowohl das erste Rap-Stück als auch das erste Musikvideo zur Musikgeschichte beigesteuert hat, erkannte dagegen schon in den 1980er Jahren die gesellschaftskritische Qualität von Rap.

Die 1980er waren für ihn künstlerisch eine Durststrecke. Nach seinem Album „Infidels", das mit „Jokerman" einen Song enthält, der sehr wohl als Kritik an Ronald Reagan und seiner rücksichtslosen, sozialdarwinistischen und rassistischen Politik interpretiert werden kann – Reagan machte den „schwarzen Sozialschmarotzer" zum Pappkamerad und Prügelbock des konservativen Amerikas – irrlichterte er durch die Jahre mit schlechten Alben und schlaffen Konzerten. Sieht man einmal von der Europa-Tour 1984 und den Auftritten 1985 und 1986 mit Tom Petty ab.

Dylan hatte nicht mehr die richtungsweisende Rolle im sich rasant mit MTV und Michael Jackson verändernden Popbusiness inne. Aber er hatte immer noch ein Gespür für relevante Musik und eine große Empathie für die Black Community und deren musikalische Ausdrucksformen. In seinen „Chronicles" schreibt er, dass Ice-T, Public Enemy, NWA und Run DMC nicht nur herumstehen und große Reden schwingen würden. „Sie hauten auf die Drums und auf den Putz und schmissen Pferde von den Klippen. Sie waren allesamt Dichter und wussten, was Sache war." Und, dass er mit Rapper Kurtis Blow zusammen aufgenommen hätte, der hätte ihn an diese Musik und Texte herangeführt. Der ewige Rebell und Nonkonformist schätzte die schwarzen Rebellen, die meist aus einer Lebenswelt aus Armut und Rassismus stammten und davon Lieder singen konnten, sehr. Und er war ihrer Kunst zugewandt.

Bob Dylan und die Rapper

In einem Spiegel-Interview sagte Blow zur Zusammenarbeit mit Dylan: „Ich machte gerade Aufnahmen in einem riesigen New Yorker Studio, das 250 Dollar in der Stunde kostete. Plötzlich steckte Bob Dylan seinen Kopf durch die Tür und sagte: ‚Hey Kleiner, deine Sängerinnen hören sich gut an – kann ich sie mir kurz ausleihen?‘ Ich war zweiundzwanzig Jahre alt und völlig von den Socken. Bob Dylan! Ich sagte also: ‚Okay. Aber wenn ich sie für dich singen lasse, schuldest du mir einen Gefallen.‘ Er willigte ein. Zwei Jahre später rief ich ihn an, er lud mich in sein Haus in Malibu ein und wir nahmen ‚Street Rock‘ zusammen auf. An Bob Dylan ist ein Rapper verloren gegangen – ich gab ihm den Text und er knallte das im ersten Take sofort raus. Unglaublich.“

Sprache von Nonkonformismus und Rebellion

In der Tat wissen nicht nur alle Dylan-Freunde, dass der gute Bob der Musiker ist, der den meisten Text in seinen Songs unterbringt, und dass seine Sprache, sein Sprachrhythmus und seine Bilder geprägt sind von den Blues- und Beatpoeten, von Folk, Talking Blues und Woody Guthrie. Man merkt dies allen seinen Texten an, selbst wenn sie Collagen sind. Ob Songlyrics, Liner Notes oder seiner Autobiografie. Es ist eine vorwärtsdrängende, bildreiche, abgeklärte Sprache, oftmals auch mit lakonischem Humor gespickt. Es ist die Sprache des Nonkonformismus, die situativ auch Sprache der Rebellion sein kann. Cool und rebellisch. Und Dylan schafft es heute noch in seinen Konzerten, den Text oftmals mehr rhythmisch zu sprechen als zu singen. Er hat diese Fähigkeit, die Blow bei ihm bewunderte.

In der Tat war ja „Subterranean Homesick Blues" ein politisches Lied, weil es mittels Bildern und Atmosphäre die Rebellion ankündigte. Dylans Mittsechziger-Musik war der Soundtrack zu Subversion und Rebellion. Nicht umsonst entliehen sich die militanten „Weathermen" ihren Namen aus Dylans Song. Und nicht umsonst waren die Black Panther-Gründer Bobby Seale und Huey P. Newton – wie schon im Kapitel „Black Panthers & The Hurricane" dargestellt – begeisterte Fans von Dylans Musik der Jahre 1965 und 1966.

Das Folk-Revival und die Bürgerrechtsbewegung waren Schritte auf dem Weg zur Rebellion der 1960er Jahre. Der „Summer Of Love", die Black Panther und der späte Martin Luther King waren die Rebellion. Doch Martin Luther King und Bobby Kennedy wurden ermordet, es kam zu erheblichen Unruhen und am Ende wurde Richard Nixon US-Präsident.

Dylan, der stets einen engen und ganz selbstverständlichen Umgang mit afroamerikanischen Menschen hatte und in den 1980er Jahren auch mit Afroamerikanerinnen liiert und verheiratet war, weiß um die Lebensbedingungen der Schwarzen in Amerika. Daher weiß er auch die Sprache des Rap einzuschätzen. Und kann die Verbindungen zu anderen schwarzen Musikstilen knüpfen. In einem Interview in London 1997 sagte er: „Ich denke, dass die Rap-Musik in einer reineren Form mit Blues verbunden ist, als die der Sänger, die ihre Musik von Marvin Gaye oder Stevie Wonder oder so jemandem ableiten.“

Und deswegen ist seine Aufnahme von „Street Rock" auch als ein Zeichen des Respekts, der Bewunderung des Rap und ein Zeichen der Sympathie für die Black Community zu verstehen.

7. „Dixie-bound"

Eine weitere Binsenweisheit der Dylanologen lautet, Dylan habe in den 1980ern seinen Kompass fürs Plattenmachen verloren. Insbesondere bei „Infidels" hätte er die besten Songs der Sessions gar nicht ausgewählt. Bei „Blind Willie McTell", der erst 1991 mit den „Bootleg Series Vol.1 – 3" veröffentlicht wurde, trifft dies absolut zu. Es ist ein wegweisendes Werk für das Verständnis Dylans vom alten Süden, von dessen Widersprüchen und vom Blues. Ein groß angelegtes Panorama, das keine Geschichte erzählt, sondern eine Reihe von Geschichten andeutet: Der Zeltgottesdienst, die Sklaverei, den Bürgerkrieg, den Liebhaber mit Bootleg Whiskey in der Hand, der Sänger Blind Willie McTell. Ein großes, breitflächiges Gemälde, das der Sänger in seinen Gedanken malt, wenn er im St. James Hotel in New Orleans zum Fenster rausschaut.

Für Dylan ist die Sklaverei so etwas wie ein Schandfleck der USA. In einem Interview 2012 sagte er, er denke nicht, dass die USA sich von der Schande befreien könnten, „auf dem Rücken von Sklaven" errichtet worden zu sein. Schwarze wüssten zudem, dass einige Weiße „nicht die Sklaverei aufgeben wollten". Die USA könnten heute viel weiter sein, so Dylan, wenn die Sklaverei auf eine friedlichere Art und Weise abgeschafft worden wäre und meint damit den Bürgerkrieg, der ebenfalls bis heute eine offene Wunde Amerikas geblieben ist.

Aber Dylan interessiert sich für die Widersprüche des Südens. Sie prägen ihn auch künstlerisch. Der Süden ist für ihn ein romantischer Ort, aber auch ein Ort voller Widersprüche und Gefahren. Und vor allem auch die Wiege bedeutender Teile der Populärkultur in den USA. Daher ist er „Dixie-bound", wie er schon 1997 in „'Til I Fell In Love With You" singt. Im Süden sind die amerikanischen Lebenslügen und Widersprüche verdichtet. Galanterie und Gewalt, Sklaverei und Sentiment, Religion und Rassismus, Gastfreundschaft und Grenzziehungen, Kultur und Ku-Klux-Klan, Musik und moralische Abgründe, Baumwolle und Bigotterie.

Dylan greift nicht umsonst auf seinen beiden späten Folk-Alben „Good As I Been To You" und „World Gone Wrong" auf uralte Bluesstücke zurück, die schon Mississippi John Hurt oder die Mississippi Sheiks in den 1920er und 1930er Jahren sangen. Wieder singt er Folk- und Bluesstücke, die keine Grenzziehungen zwischen Schwarz und Weiß kennen.

Mit „Time Out Of Mind" und vor allem „Love And Theft" dringt er noch tiefer in den Süden ein. Der Titel „Love And Theft" ist entlehnt von einem Buch über die amerikanische Blackface-Minstrel-Tradition, die heute in fortschrittlichen Kreisen zu Recht geächtet ist, ohne die aber das amerikanische Entertainment zwischen Big Band, Sketchen und Showtreppe kaum vorstellbar wäre. Und die schließlich auch irgendwann wirklichen Afroamerikanern die ersten Auftrittsmöglichkeiten gegeben hat.

Wieder entfaltet Dylan ein Panorama des Südens, „Love And Theft" ist hier sein Gemälde und die Songs sind die Mikrokompositionen im großen Ganzen. „Summer Days" ist ein fiebriger Juke Joint-Traum, „High Water" hebt die

Songs über die Flut – seien sie von Charley Patton oder Johnny Cash – auf ein philosophisches Niveau und „Po' Boy" ist voll sentimentalem, traurigem Witz, wie er nur von heimatlosen Afroamerikanern oder Juden stammen kann, während „Bye And Bye" die böse Geschichte eines Südstaaten-Galanten erzählt, die von Romantik in Obsession abdriftet und blutrünstig Menschen auf dem Gewissen hat. Man kann dies auch als Parabel auf die Geschichte des Südens verstehen, und seiner Enttarnung der Antebellum-Romantik durch die Gewaltherrschaft des Ku-Klux-Klans.

Von 2003 datiert Dylans vorerst letztes Filmprojekt „Masked & Anonymous". Fast schon prophetisch erzählt er dort die Geschichte aus einem dynastischen diktatorischen Amerika. Eine gesellschaftliche Dystopie, die ganz bewusst Versatzstücke amerikanischer Politik und Kultur einsetzt – Abraham Lincoln ist zu sehen, die schwarze Konkubine eines Präsidenten spielt eine Rolle, Black Face und Rock-Entertainment stehen sich als Fortfolge desselben Entertainment-Spiels gegenüber –, um Amerika in seinen Lebenslügen und Widersprüchen zu charakterisieren. Dass Dylan in diesem Film das umstrittene Stück „Dixie" spielt, ist eine böse Pointe und spitzt die Janusköpfigkeit des US-Entertainments und die Reminiszenz an einen alten und neuen US-Bürgerkrieg noch einmal zu. Und Dylans Film wirkt in Zeiten von Donald Trump, Donald Trump Jr., Jared Kushner und dem Sturm aufs Capitol fast schon prophetisch. Auch die alte Demokratie der USA kann sich nicht davor sicher sein, das Opfer von rassistischer und faschistischer Machtgier und Demagogie zu werden.

In den 1990er und frühen 2000er Jahren hat sich Dylan von Grund auf nochmals mit seinen kulturellen Wurzeln als Folk- und Bluesmusiker beschäftigt. Auch seinen schwarzen Wurzeln. Sang alte Bluesstandards und Stücke der schwarzen Old Time Kapelle „Mississippi Sheiks". Doch er ging sogar noch einen Schritt weiter: Nach Blues und Gospel wollte er sich nun auch das Jazz und Soul-Idiom aneignen. Und wo sollte das besser gelingen als im Apollo Theatre in Harlem, New York City?

8. A Change Is Gonna Come I

Das Apollo Theatre im New Yorker Stadtteil Harlem ist quasi der Musiktempel für ausschließlich schwarze Musik – Blues, Jazz, Soul, Pop und Hip-Hop – in den USA. Im Frühjahr 2004 aber trat Bob Dylan innerhalb nur weniger Wochen zweimal dort auf. Es spricht einiges dafür, dass der Künstler sich wieder einmal über seine schwarzen Wurzeln vergewissern wollte. Denn immer wieder kehrt Dylan zu dem Referenzrahmen zurück, der ihn als Künstler, sein Werk und seine Wirkung erst möglich gemacht hat. Er hat das zur Jahrtausendwende mit Country- und Bluegrass-Songs in seinen Konzerten und in der Zusammenarbeit mit Ralph Stanley und Marty Stuart gemacht, und in den 2010er Jahren mit dem Great American Songbook mit drei Alben. 2004 tauchte er wieder einmal in die schwarze Musik ein.

Das Apollo: Ein Epizentrum afroamerikanischer Musik

2004 feierte das Apollo sein 70-jähriges Bestehen als Club für afroamerikanische Musik. Es bestand schon seit 1914, aber da Harlem als afroamerikanische Community seit Anfang der 1930er Jahre immer mehr Bedeutung bekam, öffnete sein Besitzer Sidney S. Cohen es für schwarzes Publikum und verpflichtete schwarze Künstler. Hier begannen die Karrieren von Billie Holiday und Ella Fitzgerald, hier spielten Louis Armstrong und Duke Ellington, später traten hier Soulstars wie Marvin Gay und Diana Ross auf. Und Sam Cooke, dessen Lied Dylan am 28. März 2004 im Apollo sang.

Cooke hatte sich als Soulsänger bereits mit Hits wie „Cupid", „Twistin' The Night Away" und „Wonderful World" einen Namen gemacht, als er sich durch Dylans „Blowin' In The Wind" inspirieren ließ und „A Change Is Gonna Come" schrieb. Er war erstaunt, dass ein Weißer ein Lied wie „Blowin' In The Wind" schreiben konnte und beschämt, dass er es nicht selber geschrieben hatte. Denn er hatte in seinem Leben tiefgehende Erfahrungen mit dem Rassismus in den USA machen müssen. „A Change Is Gonna Come" erschien zuerst auf seinem Album „Ain't That Good News" im Februar 1964 und dann als B-Seite der Single „Shake" am 22. Dezember 1964. Doch da war er bereits tot. Er starb unter Umständen, die bis heute kontrovers diskutiert werden. Die Motelmanagerin Bertha Franklin soll ihn in Notwehr erschossen haben, nachdem er sie bedroht habe. Die Black Community sieht das anders. Geklärt werden konnte das bis heute nicht.

Dylan singt Cooke

„A Change Is Gonna Come" wurde eine der Hymnen der Bürgerrechtsbewegung. Und so war es absolut passend, dass der Schauspieler und Bürgerrechtsaktivist Ossie Davis den Sänger Bob Dylan an jenem Abend im Apollo ansagte und das Publikum erinnerte, dass er ihn bereits mehr als vierzig Jahre vorher bei der Kundgebung des „March On Washington" angesagt hatte. Dylans Auftritt gerät denkwürdig. Dylan stürzt sich mit heiserer rabenrauer Stimme in eine wunderschöne Version des Songs, begleitet von seiner Tourband. Dabei sieht er laut Greil Marcus aus wie ein „Kartenhai" und das Mikro ist so tief, dass er beim Singen fast auf seinem Keyboard liegt. Aber dennoch: Ein majestätischer Auftritt, der Standing Ovations erntet. Und musikalisch vom Arrangement her ein Vorgriff auf seine spätere Great American Songbook-Phase.

Dylan trifft Marsalis

Nur wenige Monate später, am 7. Juni, trat er abermals im Apollo auf. Ein Benefizkonzert für „Jazz at Lincoln Center" und dem „House of Swing", der weltweit ersten Konzerthalle für Jazz, die 2004 in New York eröffnet wurde. Doch war er beim Apollo-Jubiläum dahingehend noch auf gewohntem Terrain, das er mit seiner routinierten Tourband und dem adaptierten Song von Sam Cooke in gewohnter Weise einnahm, lieferte er sich nun mit seinen eigenen Songs einer fremden Band und einem kritischen Publikum aus. War er im März noch der weiße Junge, der früher die Songs für die Bürgerrechtsbewegung gesungen hatte, war er nun der „White Guy", der sich ausgerechnet an diesem Ort in dem Genre versuchte, das allgemein aufgrund seiner starken afroamerikanischen Wurzeln als wichtigster Beitrag Black Americas zur amerikanischen Hochkultur angesehen wird. So ganz wohl schien er sich da in seiner Haut nicht zu fühlen. Dylan hat sich zwar immer schon auch für Jazz interessiert, aber außer mit dem Song „If Dogs Run Free" von seinem Album „New Morning" hatte er sich bis dahin nie in diesem Genre versucht. Er hatte alle Genres der amerikanischen Populärmusik verinnerlicht, aber dieses hier, das stets die Schnittstelle zwischen Popkultur und Hochkultur bildete, war bislang so gut wie gar nicht seine Ausdrucksform gewesen. Die Folktradition, die Tradition des Liedes, die war seine. Auch wenn ihm in jungen Jahren schon der Jazzer Thelonious Monk sagte: „Wir spielen alle Folkmusik." Er fand einfach nicht hinein.

The Jazz Singer

Doch nun mit dem Wynton Marsalis Septett ging er volles Risiko. Der Einstieg mit „It Takes A Lot To Laugh, It Takes A Train To Cry" war noch einigermaßen im gewohnten Gleis, spielte das Septett doch einen langsamen Jazz-Blues. Da trafen sich der Folker und die Jazzer. Aber was dann folgte und leider nicht auf dem Albummitschnitt des Konzertes „United We Swing" ist, war ein „Don't Think Twice, It's Alright" ohne Netz und doppelten Boden. Das hatte so gut wie nichts mehr mit traditionellem Folk und Blues zu tun. Das Septett gab ihm eine urbane New York-Jazz-Melodielinie vor. Hier war Dylan, der Instinktsänger, gefordert. Und wie er das – einschließlich der Mundharmonika als Echo der Septett-Musik – löste, ist große Klasse und die Beifallstürme waren gleichermaßen ehrlich und verdient. Dylan jazzte, croonte und swingte sich durch den Song. Für Dylan war der 7. Juni sicher ein einschneidendes Erlebnis. Auch das konnte er, wenn er wollte.

Die Auftritte im Apollo im Jahre 2004 waren für Dylan eine wichtige Bestätigung seiner schwarzen Wurzeln. Und die Musik, mit der er sich beschäftigte – Soul und Jazz – forderten ihn als Sänger und Arrangeur heraus. Was er hier mitgenommen hat, kam ihm sicherlich bei seiner Arbeit am Great American Songbook in den 2010er Jahren zugute. Auch ein amerikanisches Gesamtkunstwerk wie Dylan ist nie komplettiert und abgeschlossen, sondern ist immer ein „Work in Progress".

9. A Change Is Gonna Come II

Am 4. November 2008 wird in den USA mit Barack Obama erstmals ein Afroamerikaner zum Präsidenten gewählt. Für das Land ein epochaler Einschnitt, der die US-Gesellschaft nachhaltig beeinflusste. Im Sommer davor wird Bob Dylan von der London Times interviewt. Grund: Er stellt in der britischen Hauptstadt seine Bilder aus. Natürlich wird er im Sommer vor der US-Wahl über den neuen Hoffnungsträger Barack Obama befragt. Er sagt: „Nun, Sie wissen, dass sich Amerika gerade in einem Umbruch befindet. Armut ist demoralisierend. Sie können nicht erwarten, dass Menschen die Tugend der Reinheit haben, wenn sie arm sind." Und ein paar Sätze später: „Aber wir haben jetzt diesen Typen da draußen, der die Natur der Politik von Grund auf neu definiert [...] Barack Obama. Er definiert neu, was ein Politiker ist, also müssen wir sehen, wie sich die Dinge entwickeln. Bin ich hoffnungsvoll? Ja, ich hoffe, dass sich die Dinge ändern. Einige Dinge werden es müssen."

Dylan hat zu diesem Zeitpunkt große Sympathie für Obama und er erwartet grundlegende politische Veränderungen. Insbesondere die grassierende Armut in den Vereinigten Staaten sieht er als großes Problem. Und am Wahlabend selbst – er spielt erstmals in seiner Alma Mater, der University Of Minnesota – ist er gesprächig wie selten auf der Bühne und gibt ein starkes Statement ab, wie der Rolling Stone berichtete:

„Ich, ich wurde 1941 geboren. In diesem Jahr haben sie Pearl Harbor bombardiert. Ich lebe seitdem in einer Welt der Dunkelheit. Aber es sieht so aus, als würden sich die Dinge jetzt ändern."

Doch schon im Frühjahr 2009 äußerte er sich zurückhaltender: „Er wird als Präsident sein Bestes geben. Viele der Jungs traten mit den besten Absichten an und gingen als gebrochene Männer. Lyndon Johnson ist ein gutes Beispiel, oder auch Nixon, Clinton oder Truman. Beinahe, als würden sie alle zu hoch fliegen und sich dann verbrennen", sagt er zweifelnd, aber immer noch mit guten Wünschen für Obamas Präsidentschaft.

Vor der Wahl 2012 dann will er sich an seine Aussage vom Wahlabend nicht mehr erinnern und wehrt sich regelrecht dagegen, von Interviewer Mikal Gilmore zu einer Pro-Obama-Aussage gedrängt zu werden. „Ich weiß nicht, was ich gesagt oder nicht gesagt habe. Ich weiß nicht, was ich damit hätte meinen können. Man sagt manchmal Dinge, man weiß nicht, was zum Teufel man meint."

Und: „Was ich von ihm denke? Ich mag ihn. Aber Sie fragen die falsche Person. Wissen Sie, wen Sie fragen müssten? Sie sollten seine Frau fragen. Sie ist die Einzige, die zählt. Schauen Sie, ich habe ihn nur ein paar Mal getroffen. Was soll ich da schon sagen? Er liebt Musik. Er ist sympathisch. Er ist gut gekleidet. Was zum Teufel erwarten Sie von mir?"

Und auf die Frage: „Sind Sie zum Beispiel enttäuscht davon, dass dem Präsidenten so viele Knüppel zwischen die Beine geworfen wurden? Würden Sie es bevorzugen, wenn er wiedergewählt würde?", antwortet er: „Ich habe eine Menge Präsidenten miterlebt. Einige werden wiedergewählt, andere nicht. Wiedergewählt zu werden macht noch keinen großen Präsidenten aus. Und oft genug wünscht man sich, dass der Typ, den man gerade gefeuert hat, wieder zurückkehren würde.“

Gilmore versucht es noch einmal und beißt auf Granit: „Ich habe den Eindruck, dass Sie sehr zurückhaltend sind, wenn wir über den Präsidenten und die Kritik an ihm sprechen.“ Dylan entgegnet: „Nun ja, ich habe alles gesagt, was ich zu dem Thema sagen kann.“

Was war in diesen Jahren geschehen, dass Dylan so wenig Lust hatte, sich überhaupt mit Obama zu befassen? Es hat etwas mit der Fallhöhe zu tun. Obama gewann wegen der Hoffnung der Menschen auf grundlegende Veränderungen beziehungsweise der Verbesserung ihrer Lebensumstände. Doch weder die von Dylan angesprochene soziale Frage noch die Situation der Black Community wurde unter Obama wirklich entschieden angegangen. Obama definierte die Politik nicht neu, zu sehr war und ist er in den herrschenden Strukturen verhaftet. So vertiefte sich die Spaltung und Zerrissenheit der Nation in Obamas Regierungszeit und die Folge war Trump, der für eine amerikanische Spielart des Faschismus steht, wie die Umstände um den Sturm des Kapitols zeigten.

Dylan war 2010 zu Gast im Weißen Haus und spielte im Rahmen eines musikalisch-historischen Abends zu Ehren der Bürgerrechtsbewegung und 2012 verlieh ihm Obama die „Medal Of Freedom“, die höchste zivile Auszeichnung der USA. Bei beiden Begegnungen mit Obama war Dylan höflich und freundlich, doch mehr als ein Lächeln, Shake-Hands oder ein Schulterklopfen gab es für den ehemaligen Hoffnungsträger nicht. Freundlich zu Obama war auch seine Aussage am Ende eines Konzertes in Madison, Wisconsin, am Vorabend der Wahl: „Glauben Sie den Medien nicht. Ich denke, es wird ein Erdrutsch", sagte Dylan während der Aufführung von „Blowin' In The Wind". Dylans Auftritt fand nur wenige Stunden, nachdem Obama mit Bruce Springsteen in Madison bei einer Wahlkampfveranstaltung aufgetreten war, statt. Dylan ging darauf ein, in dem er sagte: „Wir haben versucht, heute Abend gut zu spielen, denn der Präsident war ja heute hier."

Bob Dylan, für viele seiner Generation zeitweiliger Hoffnungsträger und Gewissen Amerikas, stand dem politischen Hoffnungsträger Amerikas im neuen Jahrtausend nach anfänglicher Begeisterung schließlich freundlich-distanziert, aber respektvoll gegenüber. Dylan, der von seiner Herkunft der alten New Deal-Koalition zugehörig, war von Obama weniger überzeugt als der von ihm. Denn: Obama hat immer einen Dylan-Titel auf seiner Playlist.

10. „A Great African American Artist"

„Bob Dylan ist ein großer afroamerikanischer Künstler" – Notizen zur afroamerikanischen Rezeption Bob Dylans.

Ich habe in diesem Buch oft dargestellt, wie vielfältig die Beziehungen von Bob Dylan zur Black Community waren und sind. Da ist es sinnvoll und notwendig, einmal grundlegender auf die Rezeption Bob Dylans in der Black Community einzugehen.

Als Stevie Wonder beim großen Konzert zu Dylans Plattenjubiläum 1992 im New Yorker Madison Square Garden „Blowin' In The Wind" sang, sprach er in seinen einleitenden Worten über die Bedeutung des Songs unter anderem für die Bürgerrechtsbewegung in den USA und für den Kampf gegen die Apartheid in Südafrika. Wonder hatte seine Version von „Blowin' In The Wind" 1966 veröffentlicht, die auf Nummer 1 in den Billboard Hot Rhythm and Blues Singles Charts schnellte. Dylan hatte einen Song geschrieben, der dem Kampf der Schwarzen eine Hymne gab. Und das nicht nur, weil die Melodie auf dem alten schwarzen Gospel-Song „No More Auction Block" fußte, sondern weil der Text Unfreiheit und Gewalt problematisierte und damit für die Schwarzen für ihren Freiheitskampf adaptierbar war.

Dylan steht hoch im Kurs bei afroamerikanischen Musikerinnen und Musikern

So wie Wonder haben viele schwarze Amerikanerinnen und Amerikaner die Songs des weißen Singer-Songwriters gesungen. Ich habe Odetta in diesem Buch bereits ausführlich gewürdigt. Sie hat 1965 eines der ersten Alben überhaupt mit Coverversionen von Dylan veröffentlicht. Es war das erste Dylan-Cover-Album einer schwarzen Amerikanerin. Das war insofern kein Wunder, da sie ebenfalls zur Folk-Bewegung gehörte. Doch über die Jahrzehnte haben auch viele weitere afroamerikanische Künstlerinnen und Künstler aus den unterschiedlichsten Genres Dylans Musik für sich entdeckt.

Bereits 1964 veröffentlichte der Soulstar Sam Cooke auf seinem Album „Sam Cooke At The Copa" eine Version von „Blowin' In The Wind" und ließ sich dadurch zu seinem Klassiker „A Change Is Gonna Come" inspirieren. Solomon Burke coverte „Maggies Farm" bereits 1965 und wurde damit zum ersten R&B-Künstler, der Dylans Songs sang. Und auch in späten Jahren coverte er Dylan-Songs wie „What Good Am I?" im Jahr 2005. Jimi Hendrix spielte eine Version von „All Allong The Watchtower", die Dylan besser fand, als seine eigene. Nina Simone, die mit „Mississippi Goddamn" und anderen Stücken schonungslose Kritik am herrschenden Rassismus übte, nahm eine ganze Reihe von Dylan-Songs in ihr Repertoire auf, wie beispielsweise „I Shall Be Released" oder „Just Like A Woman". Dass Dylans Songs aufgrund ihrer Themen und Metaphorik auch als Gospel funktionieren, zeigte neben den Staple Singers bereits 1969, und damit zehn Jahre vor Dylans Christianisierung, das Projekt „Dylan's Gospel" von The Brothers & Sisters, bei dem auch seine spätere (Gesangs-)Partnerin Clydie King mitwirkte.

Soulmusiker Booker T. Jones nahm 1978 „Knockin' On Heaven's Door" auf und „The O'Jays" spielten „Emotionally Yours" 1990 ein. Und bis heute gibt es immer wieder schwarze Künstlerinnen und Künstler, die Dylan-

Songs aufnehmen. Guy Davis, der Sohn von Ossie Davis, spielte 2009 „Sweetheart Like You" ein. Die Soulsängerin Bettye LaVette veröffentlichte 2018 mit „Things Have Changed" sogar ein ganzes Album mit Dylan-Songs. Sie eignete sich die Songs an, sodass sie zu ihren eigenen Statements wurden. Neben der Klasse LaVettes beweist dies einmal mehr sowohl das Universelle als auch die Güte von Dylans Songs. Das weiß auch die Hip-Hop-Szene: Immer wieder wird Dylans Musik in ihren Stücken gesampelt. Ob Cypress Hill, Beastie Boys oder Kid Cudi. Von der Affinität von Dylan zum Rap war schon an anderer Stelle die Rede.

Kaum ein weißer Songwriter-Kollege von Bob Dylan hat solch einen Stand in der schwarzen Music Community wie der Songpoet aus Minnesota. Dass seine frühen antirassistischen Songs bei Gruppen wie den Staple Singers oder den Freedom Singers, die gleichzeitig auch Aktivisten der Bürgerrechtsbewegung waren, hoch im Kurs standen, ist einleuchtend. Aber es war noch mehr. Dylans Poesie und Sprache, seine Bilder, seine rebellische Haltung, sein Gesang, sein Slang – all das schien von jemandem zu kommen, dem man vertrauen konnte. Man konnte sich auch als Schwarzer in Dylans Songs wiederfinden.

Die afroamerikanischen Einflüsse Dylans

Mehr noch: Man konnte spüren, welch enormen Einfluss die schwarze Kultur auf ihn hatte. Und der war immer mehr als das einfache Bluesklischee, dem viele Weiße aus Dylans Generation anhingen. Der Literaturdozent Tim Atkins hat herausgearbeitet, wie sehr Bob Dylans

Lyrik unter anderem auch von Langston Hughes, dem Schlüsselpoeten der „Harlem Renaissance" der 1930er und 1940er Jahre, beeinflusst ist und vergleicht ein Gedicht von Hughes mit Dylan „Subterranean Homesick Blues" (siehe: https://theconversation.com/five-extraordinary-poems-that-inspired-bob-dylan-68928).

Ein anderer schwarzer Poet, der Bob Dylan beeinflusst hat, war Big Brown. Der trat Anfang der 1960er Jahre im Washington Square Park auf und Dylan sah ihn dort: „Alle diese Schwarzen kamen aus dem Süden der Grenze und rezitierten Gedichte im Park. Jetzt würden sie sie Rapper nennen. Der Beste war ein Typ namens Big Brown, der lange Gedichte hatte, jedes war ungefähr fünfzehn Minuten lang, und es waren lange, langwierige Geschichten über böse Männer, Romantik, Politik, fast alles, was man sich vorstellen kann, kam in seinen Sachen vor. Ich dachte immer, das war die beste Poesie, die ich je gehört habe." Und Dylan empfand ihn sogar als Vorläufer des Rap: „Nichts ist neu. [...] Sogar Rap-Platten. Ich liebe dieses Zeug, aber es ist nicht neu, du hast das Zeug die ganze Zeit gehört [...] da war dieser eine Typ, Big Brown, er trug eine Gefängnisdecke, das ist alles, was er jemals getragen hat, Sommer und Winter, John Hammond würde sich auch an ihn erinnern – er war wie Othello, er rezitierte Epen wie ein großartiger römischer Redner, aber wirklich Backwater-Zeug, Stagger Lee, Cocaine Smitty, Hattiesburg Hattie. Wo waren die Plattenfirmen, als er da war?"

Wertschätzung von „Black America"

Dieses tiefe, mit Neugier und Wertschätzung angereicherte Verständnis für die afroamerikanische Kultur und seinen ganz selbstverständlichen Umgang mit schwarzen Menschen wurde von der Black Community entsprechend goutiert. Ganz selbstverständlich wurde er in ihrer Mitte aufgenommen. Die große afroamerikanische Schriftstellerin und Bürgerrechtlerin Maya Angelou formulierte das – ebenso wie Dylans Bedeutung als Ausdruck des vielfältigen Amerikas überhaupt – anlässlich seines 70. Geburtstages im Jahr 2011 mit folgenden Worten:

„Die Wahrheit ist, Bob Dylan ist ein großartiger amerikanischer Künstler. Seine Kunst, sein Talent ist es, zu allen zu sprechen, und wenn ich Amerikaner sage, denke ich, dass er ein großer afroamerikanischer Künstler ist, er ist ein großartiger jüdisch-amerikanischer Künstler, er ist ein großer muslimisch-amerikanischer Künstler, er ist ein großer asiatisch-amerikanischer Künstler, Spanisch sprechender Künstler – er spricht genauso für die amerikanische Seele wie Ray Charles. Es gab eine Zeit, in der Bob Dylan der neue Junge im Viertel war. Wir haben alle im Purple Onion und im Hungry I sowie in Folkmusik-Clubs gesungen. Als Bob kam, liebten ihn alle, weil er das war, was wir alle beabsichtigt hatten. Er sprach für uns alle. Und er war dafür bekannt, ehrlich zu sein, wie ein großer amerikanischer Künstler zu sein hat. Es mag nicht zweckmäßig sein, aber das Publikum kann dem Künstler vertrauen, der ehrlich ist, und Bob Dylan folgte dem, was er in seinen Texten sagte, durch seine Handlungen. Er unterstützte den Menschen, den Geist, Amerikaner zu

sein – zu wissen, dass die Berge, die Bäche und die Wahl-
kabinen uns allen zu jeder Zeit gehören."

Auch Harry Belafonte äußerte sich zu diesem Anlass wertschätzend über Dylan: „Bob Dylan hat den Geist von Millionen von Menschen auf der Welt bereichert. Er hat eine große Anzahl von Künstlern inspiriert und diejenigen von uns, die ihn getroffen haben, dazu gebracht, durch die Begegnung belohnt zu werden. Ich bewundere ihn, ich respektiere ihn, es ist mir eine Ehre, diesen Moment zu haben, um meine tiefe Wertschätzung dafür auszu-
drücken, wer und was er ist."

11. Rough And Rowdy Ways. Eine Bestandsaufnahme

Schon sind wir in der Gegenwart. Just in die Veröffentlichungsphase von Dylans letztem Album „Rough And Rowdy Ways" fallen die Proteste angesichts der Ermordung George Floyds bei einem Polizeieinsatz. In dem Major-Interview zum Album in der „New York Times" sagt Dylan: „Es hat mich ohne Ende wütend gemacht, George so zu Tode gefoltert zu sehen. Es war mehr als hässlich. Hoffen wir, dass der Familie Floyd und der Nation schnell Gerechtigkeit widerfährt."

Dylan weiß um den allgegenwärtigen Rassismus in den USA. Doch seine Kritik daran webt er heutzutage ganz selbstverständlich in sein Werk ein. Die großen antirassistischen Klassiker hat er schon früh geschrieben und wiederholen muss er sich nicht. In seinen letzten beiden Original-Neuveröffentlichungen – sein oben genanntes Album und die Radio-Show zum Thema „Whiskey" – hat er das Thema aufgegriffen.

Goodbye Jimmy Reed

Auf seinem jüngsten Album, seinem wirklichen Alterswerk „Rough And Rowdy Ways", gibt es viele Bezugspunkte zur afroamerikanischen Community. Am direktesten und ausgeprägtesten im Song „Goodbye Jimmy Reed". Was steckt in diesem Song – der allgemein als Tribute für Reed angesehen wird – wirklich drin?

Die ersten beiden Strophen haben deutliche religiöse Bezüge. Und Dylan zeigt sich hier wie auch an anderen

Stellen des Albums durchaus multireligiös. Während er in „Key West" „limbo spirituals and hindu rituals" erwähnt, sind hier Juden, Katholiken, Moslems und Protestanten vertreten. Und Jimmy Reed soll ihm die „Old Time Religion" geben. Das ist der Name eines Spirituals, der zum ersten Mal 1872 als Titel der afroamerikanischen Gesangsgruppe „The Fisk Jubilee Singers" publiziert wurde. 1891 erwarb der weiße Liedersammler Charles Davis Tillman die Rechte am Song und popularisierte ihn wie andere schwarze Gospels unter den weißen Südstaatlern, sodass die frommen Südstaatler – ob schwarz oder weiß – im Jim Crow-Land der Rassentrennung die gleichen religiösen Lieder sangen. Und damit eigentlich die ganze menschenverachtende Rassentrennung völlig absurd machten und für fromme Geister eigentlich auch „gotteslästerlich" gewesen sein müssten.

Die ganze zweite Strophe über soll Jimmy Reed dann die frohe Botschaft verkünden. Interessante Vorstellung für einen Bluessänger. Diese waren bei frommen Schwarzen nicht unumstritten, denn ihr Lebenswandel und ihre weltlichen und lebensbejahenden Songs über Liebe, Leben, Genuss, Leiden, Suff und Tod waren ihnen zu weit weg von Gottes Wort, waren „sündig".

Dann folgt der Perspektivwechsel. Der Sänger singt nun von sich. Dass man auf ihn nicht viel gegeben habe, da er nicht sehr kunstfertig an der Gitarre gewesen sei. Auch nie gereizt oder stolz gehandelt hätte oder gar seine Schuhe ins Publikum geworfen hätte. Jimmy Reed könne sich ein Juwel an die Krone stecken, er lösche das Licht. Was ist das? Ist das eine Selbsteinschätzung Dylans oder ein fiktives Ich, das sich neben dem großen Jimmy Reed ganz klein fühlt?

In der vierten Strophe erzählt der Sänger, wie schlecht er behandelt wird– mit rassistischer Gewalt? Und er hätte nichts, womit er kämpfen könne, außer einem Fleischerhaken. Wieder ein interessantes Bild. Denn wie so viele Schwarze in der Zeit der „Great Migration" verließ Jimmy Reed seine Heimat in Mississippi in den 1940er Jahren, um im Norden Arbeit und Freiheit zu finden. Was er vorerst bekam, war ein Job im Schlachthof. Der Sänger aber wird schlecht behandelt und kann kein Lied singen, das er nicht versteht und er kann auch die Platte – von Jimmy Reed? – nicht spielen, weil die Nadel steckengeblieben ist.

Die fünfte Strophe ist dann eine des verzweifelten Begehrens. Scheinbar steht er auf die Gefährtin von Jimmy und drückt das auch durchaus witzig aus – „transparent woman in a transparent dress, suits you well, I must confess" – dann aber scheint er die Frau wirklich sexuell zu begehren – „I break open your grapes, I suck out the juice" – um dann ein böses Bild des Verlangens, einer „Amour fou" zu malen: „I need you like my head needs a noose". Mit der besonderen Konnotation, dass die Schlinge bis in die 1960er Jahre für viele Schwarze im Süden eine reale Gefahr war.

In der letzten Strophe schließlich scheint der Sänger Jimmy Reed zu fragen, was er hier mache und der antwortet ihm, er wolle nur mal nachsehen, wo der Herr denn in diesem verlorenen Land liege. Beendet wird der Song mit der Anrufung Jimmy Reeds „Can't you hear me calling from down in Virginia?" „Down In Virginia" ist ein Titel Jimmy Reeds, den Dylan hier für seine Frage nutzt.

Die große Frage des Songs aber ist: Wer singt hier über Jimmy Reed und was erlebt er konkret? In meiner ersten Bewertung des Songs habe ich eine Geschichte aus der Great Migration herausgelesen. Da singt einer unten aus Virginia, der dort nicht losgekommen ist und keine Karriere in Chicago gemacht hat. Der immer noch den alten Country Blues spielt – ohne Mätzchen und Verstärkung. Der immer noch zwischen Blues und Gospel gespalten ist. Der Rassismus und Gewalt aushalten muss. Der davon träumt, Jimmy Reeds Leben zu führen, inklusive dessen Freundin zu begehren. Das Ende ist das Flehen eines Verlorenen. Ich finde das durchaus eine haltbare Interpretation des Songs.

Es gibt aber auch die Deutung, dass der Sänger Dylan selber ist, der ganz bescheiden auf sein Vorbild schaut – Reed hatte auch immer seine Mundharmonika im Gestell um den Hals – ihn erhöht und sich selbst relativiert. Wobei das auch durchaus ironische Anteile haben könnte, denn gerade Dylan reagierte auch schon mal gereizt auf sein Publikum, ist immer noch gerne als arrogant verschrien, auch wenn das ein völliges Nicht-Verstehen der Kunstfigur Bob Dylan darstellt. Und auf einer seiner letzten Touren hat er zwar keine Schuhe geschmissen, aber in Wien seinem Publikum eine klare Ansage gemacht, dass er keine Fotos im Konzert wünscht.

Wie so oft bei Dylan ist der Text doppelbödig und vertrackt. Aber öffnet dadurch viele mögliche Bedeutungsebenen. Dylan mag die Ambivalenz, er mischt auch hier wieder die Perspektiven. Vielleicht will er in diesem Song auch in einem armen Schwarzen im Süden aufgehen, leiht sich dessen Person, dessen Charakter aus? Diebstahl aus Liebe – „Love and Theft" – auch hier wieder. Dylan kennt die Geschichte von Sklaverei und Rassismus und er kennt auch die politische und kulturelle Geschichte seines Landes zu genau, als wüsste er nicht, wie seine Bilder, seine Zitate, seine kulturellen Einsprengsel wirken.

Wie auch bei „Blind Willie McTell" dient bei „Goodbye Jimmy Reed" die vermeintliche Hommage an einen afro-amerikanischen Musiker letztendlich dazu, amerikanische Themen wie Religiosität, Armut, Rassismus und Populärmusik in ihrer komplexen Verschränktheit zu verhandeln.

„Goodbye Jimmy Reed" ist meiner Meinung nach alles andere als ein Nebenwerk, sondern einer der interessantesten Songs dieses Albums.

Whiskey als Vehikel

Und dann wieder eine Überraschung. Gut elf Jahre nach der letzten Ausgabe veröffentlicht Dylan wieder eine Radiosendung. Eine „Theme Time Radio Hour" zum Thema „Whiskey". Natürlich nicht ohne Marketing-Hintergedanken. Dylan hat mit „Heaven's Door" eine eigene Whiskey-Linie und platziert die Sendung mitten in den „Bourbon Heritage Month". Und wer an der Bar einen Whiskey trinkt oder sich im Geschäft eine Flasche kauft, der unterstützt sogar noch einen guten Zweck. Denn Teile der Einnahmen des Whiskeyverkaufs von September und Oktober gehen in die Speisung von Bedürftigen. Ja, Bobby dreht auch noch mit fast achtzig Jahren immer noch die großen Dinger.

Doch die Sendung selbst war dann mehr als die übliche, ohnehin schon großartige Melange aus interessanter Musik, witzigen Späßen und unverhofften literarischen Zitaten, Erklärungen und Vergleichen.

Denn schaut man sich die Playlist an, so sieht man: Dylan hat uns in ganz selbstverständlicher Beiläufigkeit erklärt, welch großen Beitrag zur amerikanischen Populärmusik die African American Community geleistet hat. Es geht schon los mit dem wunderbaren langsamen und ruhigen „Quiet Whiskey" des Bluessängers Wynonie Harris. Später lernen wir Edmund Tagoe & Frank Essien kennen, die in ghanaischer Sprache zu in London aufgenommener amerikanisch verwurzelter String Band Musik singen. Typisch Dylan, der Musikhistoriker. Er zeigt uns auf, wie die Schallplatten-Aufnahmen zu einer ersten musikalischen Globalisierung führten. Denn die beiden Musiker haben sich von Aufnahmen von Bo Carter von den Mississippi Sheiks inspirieren lassen.

Mit Timmie Rogers' „Good Whiskey (And a Bad Woman)" führt er den schwarzen Komödianten ein, der einer der ersten war, die direkt ein weißes Publikum ansprechen durften. Es war ein weiter Weg von den weißen Blackface Minstrels und ihrer „Dummen August"-Figur Jim Crow bis zu dem selbstbewussten afroamerikanischen Komiker der 1960er und 1970er Jahre. Der Bluessänger Jimmy Witherspoon besingt den „Corn Whiskey" und der Reggaemusiker Alfred Brown covert „One Scotch, One Bourbon, One Beer" der Blues-Legende John Lee Hooker.

Und aus der Sendung heraus begleiten uns dann die Jazzsängerin Miss Byllye Williams mit dem „Hangover Blues" – nach dem Saufen kommt der Kater – und R&B-Bandleader Tuff Green. Er und sein Orchester führen uns mit dem Titel „Let's Go to the Liquor Store" aber schon wieder in Versuchung. Es hört halt nie auf.

Ohne diesen Fakt herauszustellen, legt die Sendung einen Schwerpunkt auf afroamerikanische Musik und ihre Verbindungen zur Karibik und Westafrika. Dylan at its best: Seine Art von Kommentar zu den aktuellen politischen Auseinandersetzungen um den Rassismus in den USA.

Und was noch? Ebenfalls viel Hörenswertes. Dylans alter Freund Charlie Poole ist wieder mit dabei. Denn der war nicht nur ein großer Old Time Musiker, sondern auch ein großer Trinker. Seine spezielle Banjotechnik eignete er sich notgedrungen nach einem „Getränkeunfall" an. Von einem „Getränkeunfall" ganz anderer Dimension erzählt uns Dylan in der Geschichte der Melassekatastrophe von Boston, als sich nach einer Tankexplosion ungeheure Mengen der Sirupmasse über die Straßen der Ostküstenstadt ergossen. Einundzwanzig Menschen verloren dabei ihr Leben. Merke: Wer Rum liebt, lebt gefährlich, man greife besser zu einem Glas Whiskey!

Natürlich kommen in der Sendung noch weitere gute Freunde von Dylan vor. Frank Sinatra, dessen Vorliebe für Jack Daniel's legendär ist, ist ebenso mit von der Partie wie der Vertreter einer anderen großen Whiskey-Nation, Van Morrison. Der (Nord-)Ire besingt den schwarzgebrannten, den „Moonshine Whiskey", und

Dylan zählt uns dazu einige Synonyme für den „illegalen" Whiskey auf. „White Lightning" war uns bekannt. Aber „Tiger Sweat" und „Panther Piss"? Da muss sogar Dylan lachen.

Und natürlich passt da auch die Geschichte der NASCAR dazu. Kurz nach der Prohibition wurde privat gebrannter Moonshine-Whisky heimlich mit aufgemotzten Autos quer durch Amerika transportiert. Mit diesen Boliden wurden später Rennen veranstaltet. Dies führte wiederum zur Gründung der National Association for Stock Car Auto Racing, kurz NASCAR im Jahr 1947.

Komplettiert wird das musikalische Programm im Übrigen durch zwei Musiker mit Cajun-Hintergrund. Die Cajuns sind bekanntermaßen die Nachfahren der aus Kanada nach Lousiana geflohenen französisch-stämmigen Siedler. Dylan legt uns Bobby Charles und Harry Choates ans Herz. Letzterer wurde als „Fiddle King Of Cajun Swing" und „Godfather Of Cajun music" gerühmt. Ersterer hat den legendären Song „See You Later, Alligator" geschrieben und war der einzige weiße Musiker auf dem „schwarzen" Chess-Label. Er ging mit schwarzen Musikerkollegen wie Chuck Berry auf Tour und war dabei im Süden denselben Repressalien ausgesetzt wie diese.

Die beiden Stunden gehen vorbei wie im Flug. Gute Musik und starke Geschichten beleuchten die enge Verbindung der beiden amerikanischen Kulturgüter Populärmusik und Whiskey. Und es gibt eben eine wichtige Botschaft zwischen den Tracks und den Zeilen: Die amerikanische Populärkultur ist ohne die Einwanderung und

Vermischung von Menschen verschiedenster Herkunft nicht denkbar. Bob Dylan bleibt sich auch mit dieser Nachzügler-Folge seiner „Theme Time Radio Hour" treu: Er näht weiter am großen, amerikanischen Patchwork-Quilt und straft damit die „Make America Great Again"- und „Othering"-Propagandisten von Spaltung, Eingrenzung, Isolationismus und Rassismus Lügen!

Playlist:

Quiet Whiskey – Wynonie Harris

If The River Was Whiskey – Charlie Poole and the North Carolina Ramblers

Whiskey River – Willie Nelson

Whiskey Sonn Onuo Da – Edmund Tagoe & Frank Essien

He's Got All The Whiskey – Bobby Charles

Good Whiskey (And a Bad Woman) – Timmie Rogers

The Whiskey Makes You Sweeter – Laura Cantrell

Drinking Again – Frank Sinatra

Corn Whiskey – Jimmy Witherspoon

Ain't That Whiskey Hot – Billie Harbert

One Scotch, One Bourbon, One Beer – Alfred Brown

Rye Whiskey – Harry Choates

Comin' Thru The Rye – Julie London

Mountain Dew – The Stanley Brothers

Moonshine Whiskey – Van Morrison

Alabama Song – Lotte Lenya

Jockey Full Of Bourbon – Tom Waits

Tennessee Whiskey – George Jones

Whiskey In The Jar – Thin Lizzy

The Parting Glass – The Clancy Brothers

Hangover Blues – Miss Byllye Williams

Let's Go To The Liquor Store – Tuff Green and His Orchestra

12. Schlußwort: Das gespaltene Amerika wird in Bob Dylans Werk vereint

Bob Dylan bleibt auch mit fast achtzig Jahren immer für Überraschungen gut. Mit seinem aktuellen Album und der Radio Show zeigt er sich uns für seine Verhältnisse fast verbindlich und einfach deutbar. Bob Dylan ist ein finanziell unabhängiger älterer Herr. Er glaubt an Gott und changiert zwischen Judentum und Christentum. Gleichzeitig sagt er uns „I Contain Multitudes" und zeigt sich aufgeschlossen und tolerant gegenüber anderen Religionen, Ethnien gegenüber sowieso.

Aus seinen Songs kann man lesen: Bob Dylan ist ein Humanist, der um die Probleme und Ungerechtigkeiten der Welt weiß, der mit seinen Songs gegen diese ungerechte Welt ansingt.

Bob Dylan ist sehr eng mit der Black Community verbunden. Politisch-humanistisch, ganz konkret menschlich über persönliche Bindungen und viele Freundschaften, sowie natürlich musikalisch-kulturell. Seine Whiskey-Sendung ist wirklich ein Kabinettstückchen, weil er mit großer Selbstverständlichkeit die afroamerikanischen Beiträge zur US-Populärkultur feiert.

Bob Dylan ist der lebende, ältere, weiße amerikanische Musiker der Folk- und Rockgeneration mit den engsten und vielfältigsten Verbindungen zu Black America.

Bob Dylan hat George Jackson, Rubin Hurricane Carter, Hattie Caroll, Emmett Till und Medgar Evers musikalische Denkmale gesetzt und mit „Blind Willie McTell" ein großes Gemälde des Südens mit Sklaverei, Rassismus, Gottesglauben und Blues geschaffen. Seine frühen antirassistischen Songs sind – wie der Mord an George Floyd zeigt – unverändert aktuell und gehören zum Soundtrack eines zerrissenen Landes. So wie Rap und Hip-Hop eben die zeitgenössische musikalische Ausdrucksform des um seine Freiheit und im wahrsten Sinne um sein Leben kämpfenden schwarzen Teils des amerikanischen Volkes ist. Doch er hat auch innerhalb und außerhalb der Musik über all die Jahrzehnte vielfältige Freundschaften mit Menschen aus der Black Community gepflegt. Von Mavis Staples über Mary Alice Artes, die ihn zu Jesus brachte, bis hin zu Carolyn Dennis, mit der er ein gemeinsames Kind hat.

Gleichzeitig hat der Sänger, der aus einer Bergbauregion stammt, nie seine Empathie für die einfachen Leute verloren. Immer wieder hat er sich mit Songs wie „Union Sundown", „Heartland" oder „Workingman's Blues" mit der Situation der amerikanischen Arbeiterklasse beschäftigt. Er ist ein Kind der „alten" New Deal-Koalition, die die weißen Arbeiter, die Juden und die Schwarzen unter ein politisches Dach brachte. Dies lebt er bis heute. Und daher wird das in Rassen und Klassen zerrissene und gespaltene Amerika von Bob Dylan in seinem künstlerischen Werk und in seinem Leben geeint.

Auch so sollte man ihn anlässlich seines 80. Geburtstags und einer sechs Jahrzehnte umspannenden Karriere sehen und würdigen.

Bob Dylan & Black America – Eine Playlist

The Death Of Emmett Till

The Ballad Of Hattie Caroll

Oxford Town

Only A Pawn In Their Game

Chimes Of Freedom

Maggies Farm

Ballad Of A Thin Man

Subterranean Homesick Blues

If Dogs Run Free

George Jackson

Hurricane

New Pony

Precious Angel

Saved

Convenant Woman

Shot Of Love

Abraham, Martin And John (mit Clydie King)

Jokerman

Blind Willie McTell

Street Rock (mit Kurtis Blow)

Man In The Long Black Coat

Blood In My Eyes

Dirt Road Blues

Highwater (For Charley Patton)

Po' Boy

Rollin' and Tumblin'

I Feel A Change Comin' On

Goodbye Jimmy Reed

Literaturliste zum Buch

Bücher, die als Hintergründe bei der Erstellung dieses Werkes dienten:

Ian Bell, Once Upon The Time, The Lives Of Bob Dylan, New York 2012

Bob Dylan, Chronicles Volume One, Hamburg 2004

Clinton Heylin, Bob Dylan. Behind The Shades, London 1991

Clinton Heylin, Dylan. Gospel. Die wahren Töne der rauen Geschichte, Basel 2018

Jeannette Jakubowski, Bob Dylan. Jüdische Alpträume, Apokalypse und Befreiung, Hamburg 2019

Louie Kemp, Dylan And Me, Los Angeles 2019

Greil Marcus, Basement Blues, Hamburg 1998

Greil Marcus, Three Songs, Three Singers, Three Nations, Paderborn 2016

Greil Marcus, Die Geschichte des Rock'n'Roll in zehn Songs, Stuttgart, 2016

Anthony Scaduto, Bob Dylan. Die Biografie, Frankfurt am Main 1976

Robert Shelton, Bob Dylan. Sein Leben und seine Musik, München 1986

Howard Sounes, Down The Highway. The Life Of Bob Dylan, New York 2001

Papa Nemo, Der Weg des Voodoo: Von den Grundlagen zur Praxis, Norderstedt 2018

Toby Thompson, Positively Main Street. Bob Dylan's Minnesota, Minneapolis 2008

Elijah Wald, Escaping the Delta, New York 2004

Elijah Wald, How The Beatles Destroyed Rock'n'Roll, New York 2009

Elijah Wald, Talking 'Bout Your Mama, New York 2012

Ian Zack, Odetta. A Life In Music And Protest, Boston 2020